für meinen Vater,
voller Dank

INHALT

SAND UND STRAND

HOFFEN IM HAFEN

WASSER UND WELLEN

SPÜREN UND STAUNEN

INSELIMPRESSIONEN

REISEPROVIANT

Das Erleben von Inseln und Küsten entführt uns in ungewohntes Gelände. Wir balancieren dort irgendwo auf der Grenze zwischen festem Boden unter den Füßen an Land und schwankenden Planken auf See.

Die Augen bekommen einen Weitblick, dem nicht ein einziger Berg, geschweige denn irgendein Hochhaus die Sicht versperrt. Die Nase reckt sich in die Seeluft. Sie schnuppert Salz und Schlick, registriert Heckenrosen und Fisch. Da ist gut sein, wo sich sengende Sonne, wehender Wind und rauschender Regen nach Hautkontakt sehnen.

Zu diesem Erleben gesellen sich in diesem Buch einige Erfahrungen biblischen Glaubens. Sie bilden Berührungspunkte mit dem Sommer an der See, mit der Schönheit der Schöpfung, dem Alltag an der Küste, dem Leben auf einer Insel. Sie tragen Sehnsucht in sich und manche Sorge mit. Und sie sprechen immer von der Hoffnung, dass Gottes weiter Horizont bis an die Enden der Erde reicht. Besonders spürbar wird diese Zuversicht fern vom vertrauten Gelände und im Übergang zwischen Land und See.

Im ruhigen Rhythmus des Sommers kommt die Schöpfungswoche wieder in den Sinn - zwischen Licht und Meer am Anfang und Mensch und Ruhe am Schluss. Eine Urlaubswoche überbrückt fünf Werktage und bietet sich für je ein Thema mit fünf Facetten an. In der Wahrnehmung dieser besonderen und doch gleichmäßigen Gezeiten ist »Eine Handvoll Augenblicke« als Andachtsreihe auf der Nordseeinsel Wangerooge entstanden. Doch weit über die zweitkleinste der ostfriesischen Inseln hinaus lassen sich diese biblischen Miniaturen als Reiseproviant einpacken und mit an die See nehmen - nach Lust und Laune aufgeteilt in Rationen Tag für Tag oder aufgereiht als Reigen im größeren Zusammenhang.

Wer »Eine Handvoll Augenblicke« allein oder in Gemeinschaft für Andachten nutzen will, findet dazu im Anhang ein Verzeichnis der Bibelstellen und dazugehörigen Liedvorschläge. Für die weitere Ausgestaltung entscheidend sind der Augenblick, die Kürze, der Überraschungsmoment. Denn in einer Kirche auf Zeit wird jede noch so kurzweilige Begegnung sehr kostbar sein.

SEHNSUCHT NACH DER SEE

ZWISCHEN DEN WASSERN

Und Gott sprach: »Es sammle sich das Wasser
unter dem Himmel an einem Ort, dass man
das Trockene sehe.« Und es geschah so.
Und Gott nannte das Trockene Erde, und die
Sammlung der Wasser nannte er Meer.
Und Gott sah, dass es gut war.

1. Mose 1,9-10

Es ist eine große Sehnsucht, die uns ans Wasser, an die Küste, auf die Insel lockt. Und wo wir auch hinsehen – nur Wasser!

Die Schöpfungsgeschichte erzählt Tag für Tag vom Wachsenlassen Gottes. An diesem dritten Tag ist Gottes Tun nicht nur ein Ins-Leben-Rufen – wie noch am ersten Tag, als das Licht durchbrach: *Gott sprach, es werde. Und es ward.* Oder wie am zweiten, als sich das Firmament wölbte, dieses eigenartige, zugleich feste und durchlässige Gebilde, dem Gott den Namen Himmel gab.

Heute, am dritten Tag, ist die Arbeit Gottes an der Schöpfung mehr ein Sortieren. Ja, Gott macht hier den Unterschied. Gibt jedem Element den ihm zustehenden Platz und die anstehenden Aufgaben. Am Anfang der Ruf nach Licht. Dann teilt Gott die Zeiten ein: Tag und Nacht. Inzwischen teilt Gott die Räume auf, zeigt damit auch den Elementen Grenzen an. Das Wasser unter dem Himmel soll sich sammeln. Es soll so zusammenfließen, dass trockenes Land sichtbar wird.

Gott zeigt sich als Wasserbauer, beinahe als Küstenschützer, wenn nicht gar als Deichgraf. Als stünde Gott in Gummistiefeln mittendrin.

Tussenwater – so heißt eine U-Bahn-Station in Rotterdam. Selbst solch ein Name lässt an die Schöpfung denken: Im niedrig gelegenen Land – auf Augenhöhe mit dem Meeresspiegel – liegt da ein kleiner Streifen Land zwischen den Wassern. Hier das Trockene – dort das Wasser. Damit man weiß, wo man stehen und gehen kann. Inmitten der endlosen Fluten braucht es ein Stück festen Boden unter den Füßen. So wie uns die Sandbank bei Ebbe trägt. So wie uns die Düne vor den Fluten schützt.

Und ich stelle mir vor, wie da an diesem Dienstag der Schöpfungsgeschichte zuerst mal eine Insel mitten in der Weite der See hervorschaut. Sie wird allmählich größer, je mehr sich drum herum die Wasser sammeln. Jedes Element im Schöpfungssortiment wird beim Namen gerufen. Das Trockene heißt von nun an Erde. Das versammelte Wasser heißt von nun an Meer. So werden selbst die gewaltigen Elemente der Schöpfung benennbar, ansprechbar; sind weniger eine Natur-Gewalt als ein Natur-Gegenüber.

Bemerkenswert, dass Gott im Sortieren und Aufräumen der Schöpfung auch am Abend des dritten Tages nicht gleich wieder nach der nächsten To-do-Liste Ausschau hält. Erst mal schaut er auf das jeweilige Tagewerk. Da gönnt sich jemand ein Innehalten und einen Blick zurück. Verschafft dem, was geschaffen und geschafft ist, eine Wahrnehmung, ein Ansehen. Gottes Augen sehnen das Licht herbei und die Nacht und den Tag. *Und Gott sah, dass es gut war.* Gottes Augen sehnen den Himmel herbei, den Regen und das Wasser. *Und Gott sah, dass es gut war.*

Und Gottes Augen sehnen nun auch das Land und die See herbei. Lassen den Blick über diese wunderbare Schöpfung schweifen, schauen hin, schätzen sie ein als kostbar. Als stünde hier Gott selbst auf der Strandpromenade und vergäbe ein Prädikat: *Und Gott sah, dass es gut war.*

Zufrieden, dankbar - eine Würdigung in Zuneigung. Als hätte auch Gott ein bisschen Sehnsucht nach der See. Ihr Menschen, nun seht *ihr* euch das an - das Land und die See. Würdigt sie beide - je an ihrem Platz und in ihren Aufgaben. So wird der dritte Tag auch für uns ein guter sein.

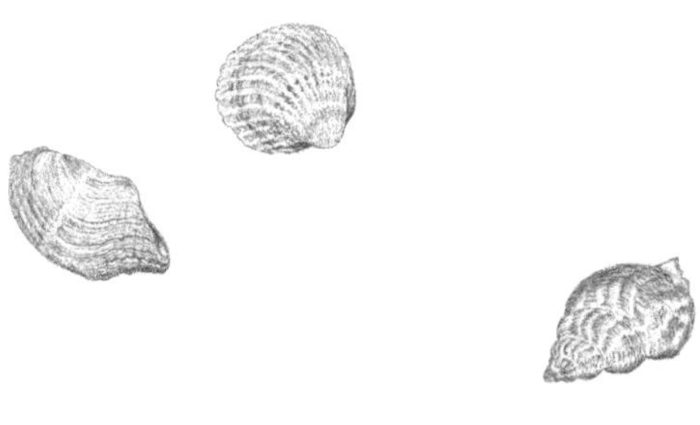

WAS DIE MEERE DURCHZIEHT

Die Vögel unter dem Himmel und die Fische
im Meer und alles, was die Meere durchzieht –
Herr, unser Herrscher, wie herrlich ist
dein Name in allen Landen!

Psalm 8,9-10

Was die Meere durchzieht, das ist den Menschen der Bibel im Grunde ihres Denkens - so stark von Wüstenerfahrungen geprägt - ziemlich suspekt. Die Vögel unter dem Himmel sind mit bloßem Auge sichtbar. Ziehen über Israels fruchtbaren Küstenstreifen hinweg wie übers Wattenmeer. Und mit offenen Ohren sind sie sogar hörbar. Stimmen ihr Lob auf den Schöpfer an. Aber die Fische im Meer stehen für eine unerhörte Welt: lautlos, dunkel, schwer erreichbar, fast gespenstisch.

Seien wir ehrlich: Es geht uns nicht so viel anders als dem Volk Israel. Denn *was die Meere so durchzieht*, das sind Quallen und Krebse, Schnecken und Würmer. Allesamt nicht gerade Sympathieträger. Wären wir wohl von deren Anblick begeistert, sollte das Wasser der Nordsee aufklaren und all das Getier darin sichtbar werden? Beim Strandspaziergang nennen wir schon das Muscheln, was doch nur die übriggebliebenen Schalenreste dieser Weichtiere sind. Hübsch! Doch ihre Mantellappen oder Sipho-Schläuche finden wir eklig. Und dann scheint fast alles, *was die Meere durchzieht*, auch noch stumm zu sein - wohl kaum fähig zu einem Loblied Gottes.

Doch all diese Augenscheinlichkeiten, Geschmacksfragen, Berührungsängste kümmern diesen Gesang im Psalm gar nicht. *Herr, wie herrlich ist dein Name!* Für ihn buchstabiert die ganze Schöpfung den Namen Gottes. Und *alles, was die Meere durchzieht*, bildet für ihn gar den Schlussakkord, wenn nicht den Höhepunkt seines begeisterten Liedes.

Begonnen hat er mit den Kindern und Säuglingen. Ihr undeutliches Gebrabbel und anfängliches Erkunden der Sprache und ihrer Worte sind dem Psalmisten das schönste Lob Gottes. Die angeblich Kleinen sind im Lob Gottes das Großartigste, was die Schöpfung zu bieten hat. Seht die Kinder, hört ihr Lied!

Da muss jeder Feind des Lebens verstummen. Dagegen haben kein Machthaber und kein Gewaltherrscher eine Chance. Dann schwärmt der Psalm weiter über Himmel, Mond und Sterne – sie seien eine filigrane Arbeit der Finger Gottes. Nutztiere und Wildtiere machen die Handwerkskunst Gottes sichtbar. Vögel und Fische ebenso, eben gerade in ihrer Unerreichbarkeit.

Was die Bibel hier besingt, das erahnen wir oft erst, wenn wir uns in Augenblicken der Ruhe oder in Tagen der Erholung einmal wieder erlauben, hinzusehen und hinzuhören. Wenn wir im Urlaub unserer Sehnsucht nach der See ihren Raum geben und uns die Zeit dazu gönnen. Wenn wir Gottes Schöpfung mit all ihren wunderbaren Geschöpfen wahrnehmen und uns hineinbegeben als Teil des Ganzen. Dann geht mancher Blick nach oben, aber manches Horchen auch in die Tiefe. Und man macht sich endlich mal wieder Gedanken.

Was ist doch der Mensch, dass du seiner gedenkst? So wird uns dieses zentrale Staunen des Psalmengesangs zu einer Horizonterweiterung, zu einer Berührung zwischen Himmel und Erde. Zum Aha-Erlebnis in größtmöglicher Weite zwischen den Vögeln des Himmels und den Fischen des Meeres. Und eben allem anderen auch, was da sonst noch *die Meere durchzieht*.

Es könnte sein, dass wir uns dann ein wenig klein vorkommen. Angesichts all des menschlichen Größenwahns, meine ich: Macht nichts. Jeder ferne Vogel, jeder stumme Fisch, jede welke Blume lebt unter dem weiten Himmelszelt Gottes und vervielfacht sein Lob. Stimmen wir doch in diesen herrlichen Gesang mit ein!

DA WIMMELT ES

Herr, wie sind deine Werke so groß und viel!
Du hast sie alle weise geordnet, und die Erde
ist voll deiner Güter. Da ist das Meer,
das so groß und weit ist; da wimmelt es
ohne Zahl, große und kleine Tiere.
Dort ziehen Schiffe dahin.

Psalm 104,24-26

Da wimmelt es – das könnte eine unmittelbare Fortsetzung der Gedanken zum vorigen Augenblick sein. Denn nun lenkt auch dieser Psalm den Blick derer, die hinschauen, auf die See: *Da ist das Meer!* Auch dieses Loblied auf Gottes Schöpfung gerät ins Schwärmen über Licht, Himmel und Wasser. Über Tiere, Vögel, Früchte und Gras fürs Vieh. Über Brot, Wein und Öl für Menschen. Über Mond und Sonne, Tag und Nacht für alle zusammen. Ein Wimmelbild der guten Gaben Gottes, das hier lang, breit und bunt ausgemalt wird.

Doch nach allen Augenweiden und Gaumenfreuden an Land kommt dann ein besonderer Augenblick. Da geht der Psalm gewissermaßen selbst über die Düne. Da öffnet sich endlich die Sicht auf die See. Wir fanden schon als Kinder, dass dies der besonders begeisternde Moment im Glück eines Urlaubs ist: *Da ist das Meer!* Unten vor der Düne losgerannt und oben ganz aus der Puste angekommen: Wer hat es zuerst gesehen? Ich! Nein ich …!

Doch haben wir es dann auch schon verstanden, erfasst, begriffen? Wir sind am Meer! Wir dürfen diesen ungehindert freien, unverbaut weiten Blickwinkel einnehmen. Was sind wir an solch einem Ort beschenkt und privilegiert. Doch damit nicht genug. Der Psalm macht uns aufmerksam, auch unter die Oberfläche zu schauen. Diese scheinbare Fläche, die *so groß und weit ist*, hat es zudem noch in sich. Und das reichlich.

*Da wimmelt es ohne Zah*l. Was für eine Artenvielfalt, welch eine Biodiversität! Und wie unzählig sich gerade diese für den Lebensraum Meer geschaffenen Lebewesen erweisen. Da sind die massenhaft durchziehenden Zugvögel noch eine eher kleine Gruppe. *Da wimmelt es* vor allem an kleinen Tieren in jedem Kubikmeter der Mikrofauna im Wattenmeer. Und wie sie alle miteinander zusammenhängen und aufeinander angewiesen sind im empfindsamen Netzwerk der Ökologie.

Das Loblied des Psalms legt auf das Staunen über Größe, Weite und Menge noch eins drauf. *Da wimmelt es* – meint kein Durcheinander, kein Chaos, das ohne Sinn auskäme. Gottes Schöpfung ist auch in all den feinen Zusammenhängen erkennbar: *Du hast sie alle weise geordnet*.

Wir Menschen haben unseren Platz darin, unsere Freude daran, unser Staunen darüber, aber auch unseren Nutzen davon. *Dort ziehen Schiffe dahin* und machen die See erst zugänglich. Umso mehr gilt es, die Kostbarkeiten des Meeres wahrzunehmen, zu hegen und zu pflegen, und oft genug vor menschlichem Missbrauch zu schützen.

Zu Beginn der Erzählung von Gottes Schöpfung hieß es: *Die Erde war wüst und leer.* Da war es ein einziges, wie es dort im Hebräischen tatsächlich heißt, *Tohuwabohu*. Jetzt dagegen wimmelt es. So sehr freut sich der Psalm über die Fülle, über die Blüte und die Früchte, über das Pulsierende, das Quirlige und das Verspielte. *Da wimmelt es!* Egal, ob wir es mit unseren begrenzten Sinnen nur erahnen oder bis zu einem gewissen Grad verstehen oder einfach nur still staunend genießen. *Da wimmelt es!* Das Tohuwabohu ist von Gottes Kreativität und Ideenreichtum inzwischen reich gefüllt, gut sortiert und weise geordnet. Ach, brächten wir Menschen dieses wunderbare Gewimmel doch nicht immer so durcheinander!

EIN WENIG VOM LAND WEG

Es begab sich aber, als sich die Menge zu Jesus drängte, zu hören das Wort Gottes, da stand er am See Genezareth. Und er sah zwei Boote am Ufer liegen; die Fischer aber waren ausgestiegen und wuschen ihre Netze.
Da stieg er in eines der Boote, das Simon gehörte, und bat ihn, ein wenig vom Land wegzufahren. Und er setzte sich und lehrte die Menge vom Boot aus.

Lukas 5,1-3

Ein wenig vom Land weg … Das ist genau der Augenblick, in dem endgültig der Urlaub beginnt. Wenn endlich, nach einer mehr oder weniger lästigen, lauten oder langweiligen Anreise, die Fähre am Anleger ablegt.

Ein wenig vom Land weg … Das kann der dringend nötige Abstand von Arbeit und Alltag sein. Die wohlverdiente Pause weg aus allem Stress und Straßenverkehr. Bloß weg hier! So mögen manche schon in unbändiger Vorfreude gedacht haben. Hier und heute ist es endlich so weit. Die Leinen sind los. Der Wind frischt auf. Benzingestank wird von Salzluft abgelöst. Und man möchte mit den Möwen abheben und Freudenschreie loslassen. Wenn dann noch die Sonne durchkommt, heißt es aufatmen.

Ein wenig vom Land weg … So empfinden auch Menschen, die fest auf der Insel leben. Etwa vier Seemeilen, fast acht Kilometer sind es zwischen Anleger Wangerooge und dem Festland. Was mit dem Fahrrad bloß ein kleiner Ausflug wäre, das kann eine ziemliche Distanz bedeuten. Ab und an durchaus mehr als ein wenig und keine Kleinigkeit. Wenn's mal nicht um entspannte Erholung geht. Wenn Bedarf dringend wird. Wenn Versorgung Not tut oder Pflege verfügbar sein soll. Oder gar wenn heute kein Schiff mehr geht.

Ein wenig vom Land weg … fast scheint es, dass Jesus auch mal etwas Erholung braucht. Was hatten ihn die Leute zuvor bedrängt. Selbst die alten Nachbarn in Nazareth konnten ihn nicht leiden. Nach der letzten Predigt wurde er aus der Stadt geschubst. In Kapernaum dann folgt ein Gespräch nach dem anderen. Aber auch reichlich Gerede und Gequengel. Sogar am Abend macht Jesus Extraschichten. Ein Versuch, sich zurückzuziehen, misslingt. Am liebsten hätten sie ihn nur für sich behalten. Sie tun sich schwer damit, dass er ihnen nicht gehört, sondern auch für andere da ist. Selbst bei den Fischern am Ufer wird es eng. Die Menge drängt.

Da hat Jesus eine praktische Idee und macht einen kleinen, aber entscheidenden Schritt. Von Anfang an steht er den Fischern zur Seite. Teilt deren Alltag, von dem auch die Kirchenfenster auf Wangerooge mit ihren Seegeschichten gleich mehrfach erzählen. Nun aber springt die Crew ihm zur Seite. Mit dem Boot löst er sich vom Festland und wagt sich auf schwankende Planken. Macht das Deck und die Reling zur Kanzel. Von dort, von Bord des Fischerbootes, von ihrem Arbeitsplatz aus, ruft Jesus den Menschen sein gutes Wort zu. Spricht von der Hoffnung gegen alle Trübseligkeit. Macht Menschen wie Fischern Mut. Überraschend und wundersam. Und mit einem wohltuenden *Fürchte dich nicht!*

Ein Augenblick, als hätte auch Jesus Sehnsucht nach der See. Umgeben und begleitet von alledem, was wir an einer Küste oder auf einer Insel so gern mit allen unseren Sinnen erleben. Mit einem weiten Blick zum Horizont. Mit einem offenen Ohr für Wellenklang und Seevögel. Mit einer feinen Nase für all die Gerüche im Übergang zwischen Wasser und Land. Mit einem guten Gespür für all die anderen, die hier anlanden oder stranden. Gerne auch mit einer Wahrnehmung für alle, die hier arbeiten müssen, die andere Menschen versorgen und verpflegen, bewirten und bedienen.

So - *ein wenig vom Land weg* - erscheint alles leichter als sonst. Vergessen wir doch nicht so schnell, wenn wir wieder zurück sind, wie gut uns diese Perspektive und diese Haltung tun.

DAS MEER NICHT MEHR

Und ich sah einen neuen Himmel und eine neue Erde; denn der erste Himmel und die erste Erde sind vergangen, und das Meer ist nicht mehr.

Offenbarung 21,1

Das Meer nicht mehr – was soll das nur heißen? Das Erste, was diese Vision vor unsere inneren Augen malt, das geht ja noch. Das macht in diesen Zeiten der Krisen und Kriege beinahe Hoffnung. Wenn der Himmel endlich neu gedacht wird und die Erde endlich neu gemacht wird. Wenn oben und unten auf den Prüfstand kommen. Wenn überalterte Hierarchien auf den Kopf gestellt werden. Wenn das scheinbar ewige irdische Gefälle von Arm und Reich, von Hunger und Völlerei endlich mal anders wird.

Aber: *das Meer nicht mehr?* Für immer der See Adé sagen? Wo wir doch gerade hier so gerne sind? Extra ihretwegen - oder meinetwegen auch seinetwegen - wieder und wieder an die Küste oder auf die Insel kommen? Uns in dieser Nähe so wohl, so gesund, so gut fühlen? Nein, bloß nicht! Mag uns alles Religiöse fremd geworden sein - das Meer ist doch bitteschön ewig, was denn sonst? Was denkt sich dieser Prophet Johannes eigentlich? Noch dazu, wo er doch auf Patmos lebt, also Insulaner ist?

Ich vermute, ebenso erstaunt wie wir über ihn sind, wäre Johannes über uns. Er und mit ihm die Menschen der Antike, des Mittelalters, der Reformationszeit und der Renaissance - sie alle würden den Kopf über uns schütteln. Ans Meer? Da geht ihr hin? Begebt euch in diese Gefahrenzone? Taucht gar in die Wellen ein, in diese abscheulichen Abgründe, vermutlich zu Ungeheuern? Es wäre jenen Menschen nur unheimlich, was wir in der sogenannten Neuzeit seit etwa 1800 im Sommer am Wasser so treiben. So lange brauchte es, bis die Menschen die Wohltaten, den Genuss und die Heilkraft des Meeres entdeckten. Bis wir unserer Sehnsucht nach der See Sommer für Sommer folgten und Seebad um Seebad wuchs. Sein Anfangsjahr auf der Insel Wangerooge war 1804. Vorher hatten die paar Menschen hier kaum ein Auskommen auf dem kargen Sandboden, von dem bisschen Fischerei und Schifferei. Und die Gefahren von Sturm und Flut, von Seefahrt und Untergang rissen wieder und wieder viele Menschenleben in den Abgrund des Todes.

Und genau den meint der Seher Johannes, wenn er seiner Sehnsucht solch einen uns fremden Ausdruck gibt. Dass eines Tages dieses *Meer nicht mehr* sein möge. Dass nämlich dieser *neue Himmel* und diese *neue Erde* endlich dem Leben freien, unbegrenzten Lauf lassen. Dass Lebensgefahren vorbei sind. Dass Krieg nicht mal mehr gelernt wird. Dass alles Chaos geordnet ist und sämtliche Ungerechtigkeit undenkbar. Dass weltweit innerer und äußerer Frieden herrscht.

Johannes ist vermutlich geflüchtet auf die Insel Patmos - vor Gewalt, vor Machthabern, vor Verfolgung.

Dort sind ihm diese apokalyptischen Bilder gekommen. Fremd – und doch voller Hoffnung und Zukunftsperspektive. Nach seinen Worten wird nicht nur *das Meer nicht mehr* sein, sondern wird auch der Tod nicht mehr sein. Und stattdessen: Mensch und Gott unter einem Dach. Mehr noch: Eine Wohngemeinschaft aller Menschen mit Gott sieht dieser weitsichtige Insulaner in diesem Augenblick vor sich: *Siehe da, die Hütte Gottes bei den Menschen! Er wird bei ihnen wohnen, und sie werden seine Völker sein. Und er selbst, Gott mit ihnen, wird ihr Gott sein. Und Gott wird abwischen alle Tränen von ihren Augen. Und der Tod wird nicht mehr sein, noch Leid noch Geschrei noch Schmerz werden mehr sein; denn das Erste ist vergangen.* Was für eine Sehnsucht!

WIND UND WETTER

Ein Regenbogen

1. Mose 9,13-14

Ein Sausen

1. Könige 19,11-12

Eine Wolke

1. Könige 18,44-45

Ein Haschen

Prediger 2,11

Ein Brausen

Apostelgeschichte 2,1-2

EIN REGENBOGEN

»Meinen Bogen habe ich gesetzt in
die Wolken; der soll das Zeichen sein des
Bundes zwischen mir und der Erde.
Und wenn es kommt, dass ich Wetterwolken
über die Erde führe, so soll man meinen Bogen
sehen in den Wolken.«

1. Mose 9,13-14

Ein Regenbogen am Himmel ist immer ein Hingucken wert. Guck mal – da! Schon sein kurzes Aufleuchten ist Grund genug für ein kleines Lächeln. Ist er sogar in ganzer Pracht zu sehen, Grund genug für ein großes Staunen: Der Platzregen ist vorbei! Endlich, nach Dauerregen ist ein Ende in Sicht – und ein Neuanfang! Jeder Regenbogen kündigt geradezu ein Stück Sommer an. Auf der Insel oder an der Küste ist das immer eine gute Aussicht.

Perspektivwechsel.

Was sagt dieser Bogen Menschen, deren Leben von Wüste und Trockenheit geprägt ist? Wo doch schon ein paar Tropfen Regen vom Himmel ein gutes Zeichen wären: gegen die Dürre, für fruchtbares Land, für wachsende Pflanzen und sichere Ernte? Müsste ein Regenbogen zum Beispiel in Israel oder Jordanien nicht fast mit Sorge betrachtet werden, weil das dringend nötige Wasser bald schon wieder versiegt?

Nun steht der Regenbogen in der Bibel nicht für immerzu eitel Sonnenschein und wolkenlosen Himmel. Dieses Hoffnungssignal kündigt keinen Katalogurlaub mit Hochglanzbildern oder zwei Wochen mit 35 Grad im Schatten am Pool an. Dieser Bogen zeigt tatsächlich das Ende sintflutartigen Regens an – steht aber vor allem für guten Wechsel des Wetters. Ein Regenbogen ist ein Rhythmusinstrument für die Schöpfung Gottes: *Meinen Bogen habe ich gesetzt in die Wolken; der soll das Zeichen sein des Bundes zwischen mir und der Erde.*

Die Bibel sieht im Regenbogen einen Brückenschlag zwischen Gott und den Menschen: Gott malt ihn an den Himmel als Versprechen für ein Bündnis mit uns, für eine Verbindung zu uns. Ein Regenbogen kündigt an, dass die Zerstörung der Schöpfung der Vergangenheit angehört; dass die Vernichtung der Menschheit nicht Sinn der Sache und nicht Wille Gottes ist; dass es nach Tod und Verderben einen Neuanfang für das Leben gibt. Kurz bevor der Bogen am Himmel auftaucht, heißt es: *Solange die Erde steht, soll nicht aufhören Saat und Ernte, Frost und Hitze, Sommer und Winter, Tag und Nacht.*

Gottes Geschichte mit den Menschen geht weiter – so wird es Noah zugesagt in dem Augenblick, als er von Bord und trockenen Fußes an Land geht und kaum dass er ankommt »Gott-sei-Dank!« sagt. Die Flut ist nicht das Ende. Der Rhythmus des Lebens und die Gezeiten des Wassers bleiben. Also, beim nächsten Regenbogen, der sich am Himmel zeigt: Fühlt euch getrost als Nachkommen Noahs!

Gottes Geschichte geht weiter – für Noah und seine Leute – in dem schwimmenden Stallgebäude. Übrigens wird das eben nicht Schiff genannt, sondern bloß *Kasten.* So wie bei Mose als Kind in einem schwimmenden Schilfkorb – mit dem gleichen Wort: in einem Kästchen. Es ist beide Male ein Zufluchtsort, der Leben rettet.

So ist ein Regenbogen über Generationen hinweg viel mehr geworden als bloß ein Wettersignal. Das Bündnis Gottes mit Mensch und Schöpfung ist ein Licht am Ende des Tunnels. Dieses Licht fächert sich auf in vielfältigen Farben, leuchtet auf, scheint durch in jeder einzelnen seiner Schattierungen. So steht ein Regenbogen für Gottes bunten Bund mit allen Menschenkindern in ihrer ganzen Vielfalt. Und für Frieden. Macht also beim nächsten Regenbogen über euch – und sei es nur ein kleiner Ausschnitt – getrost diesen großen Gedankenbogen: Gottes Geschichte mit uns geht weiter!

EIN SAUSEN

Der Herr sprach zu Elia: »Geh heraus und tritt hin auf den Berg vor den Herrn!« Und siehe, der Herr ging vorüber. Und ein großer, starker Wind, der die Berge zerriss und die Felsen zerbrach, kam vor dem Herrn her; der Herr aber war nicht im Winde. Nach dem Wind aber kam ein Erdbeben; aber der Herr war nicht im Erdbeben. Und nach dem Erdbeben kam ein Feuer; aber der Herr war nicht im Feuer. Und nach dem Feuer kam ein stilles, sanftes Sausen.

1. Könige 19,11-12

Mal schmunzelnd, mal spöttisch bescheinigen selbst modern denkende Menschen Kirchenleuten einen Draht nach oben – trotz Wissenschaft und Wetter online. Andererseits meinen alle zu wissen, woher der Wind weht und wohin das Wetter geht und behaupten dennoch, Petrus sei bei Sonnenschein wohlgesonnen. Klar, dass weder Wetterhahn noch Wetterfrosch das Wetter machen. Doch es erfüllt mit Sorge, wie menschengemacht zwar nicht der Wetterwechsel, aber der Klimawandel ist. Viel schneller als uns lieb ist.

Spätestens seit dem Ende der Sintflut ist zumindest Vorsicht geboten bei der Behauptung, Gott schicke uns gutes oder böses Wetter. Schon gar nicht als Strafe oder als Belohnung.

Und noch einmal verstärkt wird diese Erkenntnis in der kleinen Begebenheit, die Elia in dieser kurzen Szene erlebt. Elia hat – wie er kurz zuvor bekennen muss – für seine Einsichten gegen andere Menschen geeifert. Er hat sich verrannt. Er hat gewettert von einem strafenden Gott gegen Andersdenkende. Da hätte er am liebsten ein Donnerwetter nach dem anderen losgelassen.

Nun macht Gott selbst ihm klar: So geht es nicht! Gott zeigt da seinem Mitarbeiter quasi die ganze Palette der Wetterkarte – fast wie im Satellitenfilm in den Nachrichten. Nun sieh dir das an! Gott muss es Elia sogar dreimal sagen. Da ist ein zerstörerischer Sturm, mit Böen, die Bergrutsche auslösen – darin ist Gott nicht. Dann ein Erdbeben – darin ist Gott nicht. Und dann noch ein Feuer – darin ist Gott nicht.

Und ganz am Schluss: ein Sausen, *ein stilles, sanftes Sausen.* Vielleicht so wie die leichte Brise, die im flachen Land und am Wasser stetig zu spüren ist; oder das leise Rauschen der See, das auf der Insel fast überall schon von ferne zu hören ist.

Der jüdische Philosoph Martin Buber übersetzte das so: *im Sturme nicht – im Beben nicht – im Feuer nicht – aber danach: in einer Stimme verschwebenden Schweigens.* Keine totale Stille. Erst recht keine Totenstille. Aber so leise, dass wir schon sehr genau hinhören müssen. Zart, zerbrechlich, durchaus zäh, aber zu Herzen gehend.

Elia jedenfalls reagiert beschämt. Als klappe er wortlos den Mantelkragen hoch und ziehe sich die Kapuze über den Kopf. Von nun an wird er nicht mehr den Lauten machen. Klar ist: Weder Stürme noch Unwetter sind zu Ende noch die Kraft der Naturgewalten. Auch die Kriege der Menschen gegeneinander toben noch.

Aber: *Darin ist Gott nicht.* Und auch nicht dafür verantwortlich zu machen. Hören wir doch mehr auf jene Stimme verschwebenden Schweigens!

EINE WOLKE

Und beim siebenten Mal sprach er:
»Siehe, es steigt eine kleine Wolke auf aus
dem Meer wie eines Mannes Hand.«
Elia sprach: »Geh hinauf und sage Ahab:
Spann an und fahre hinab, damit dich der
Regen nicht aufhält!« Und ehe man sich's
versah, wurde der Himmel schwarz
von Wolken und Wind, und es kam
ein großer Regen.

1. Könige 18,44-45

Eine Wolke am Himmel macht noch keinen Regen, sagt man. Bei Elia im Lande aber herrscht seit Jahren eine unendliche Trockenheit. Elia hatte sich zurückgezogen und viel gebetet. Ob die Dürre noch dauert? Wie lang wird der Regen diesmal auf sich warten lassen?

Elia hatte erlebt, wie der letzte Bach, der ihn versorgte, keinen Tropfen mehr hergab. Hatte dann in dem Hafenstädtchen Sarepta Zuflucht gesucht. Bei einer Witwe, die ihre letzten Vorräte mit ihm teilte. Jetzt aber hat Elia alles riskiert. Soeben hat er König Ahab ermuntert, sich schon mal vorzubereiten, denn *es rauscht, als wollte es sehr regnen*. Nun hockt Elia da, muss abwarten, beten, hoffen. Anderes bleibt ihm nicht, auch wenn er diese Vorahnung hat, dass es weitergeht und nach viel Sonne endlich Regen kommt. Schwer vorstellbar für uns, oder? Geschweige denn besonders wünschenswert in einem schönen Sommerurlaub, oder?

Einmal durfte ich in Tansania miterleben, wie nach einer unendlich langen Trockenheit plötzlich ein Wolkenbruch niederging. Ich sehe noch vor mir, wie Kinder und junge Leute sofort nach draußen in den prasselnden Regen liefen – so, wie sie waren, in voller Kleidung, in Sekunden klitschnass. Und wie sie dort ein Danklied sangen und lachend mit bloßen Füßen durch die Pfützen tanzten.

Elia betet und schickt den Diener wie auf eine Aussichtsdüne: *Geh hinauf und schaue zum Meer hin!* Siehst du schon was? Siebenmal schickt er ihn. *Er ging hinauf - und schaute - und sprach: Es ist nichts da.* Siebenmal geht das so. Wohl eine ganze Woche lang. Beten und Ausschau halten. Warten und Hoffen. Und wieder Ausschau halten. Tut sich schon was über'm Meereshorizont?

Und dann, beim siebten Mal, zu guter Letzt, eine zaghafte neue Nachricht kommt durch: ein einzelnes Wölkchen. Wenn auch lächerlich klein: wie ein Handteller am Himmel, selbst mit Fernglas kaum sichtbar. Oder doch nur eine Halluzination? Aber Elia ist gewiss: So winzig die Wolke, so rauschend wird der Regen sein. So zaghaft das Zeichen, so groß die Gewissheit!

Wer an der Küste oder auf der Insel Ausschau zum Himmel hält nach einem Wetterumschwung, kann sich selten so sicher sein. Zu schnell weht der Wind die Wolken weiter übers Wattenmeer, über Deich und Düne. Zu unberechenbar sind Richtungswechsel und Wolkenverschiebungen. Selbst Wettervorhersagen lassen viel zu wünschen übrig. Und für alle Tagesplanung ist Bereitschaft zur Veränderung nötig. *Und ehe man sich's versah, wurde der Himmel schwarz von Wolken und Wind, und es kam ein großer Regen.*

Was für Elia, für den namenlosen Diener und für König Ahab ein Zeichen für Zuversicht ist, für das unter Dürre leidende Volk sogar ein Zeichen für Zukunft überhaupt – das lässt uns hier viel zu schnell verzagen. Doch weder dort noch hier gibt es Garantiescheine auf das Wetter. Immer noch nicht. Und wir sollten eher froh sein, wenn nicht auch das Wetter noch in die Hände menschlicher Machbarkeiten und Machtgelüste gerät.

Lassen wir uns, selbst nach manchem Stoßgebet, lieber weiter überraschen. Lasst uns die Signale wahrnehmen und ernstnehmen. Und für Veränderung bereit bleiben. Eine Wolke macht noch keinen Regen. *Ehe man sich versieht*, ziehen Wolken weiter. Dann regnet es erst weit draußen über offener See.

EIN HASCHEN

Als ich aber ansah alle meine Werke,
die meine Hand getan hatte, und die Mühe,
die ich gehabt hatte, siehe, da war es alles
eitel und Haschen nach Wind und
kein Gewinn unter der Sonne.

Prediger 2,11

Haschen? Hoffentlich denken jetzt besorgte Gemüter nicht gleich an Drogenkonsum. Ein Haschen! Womöglich denken leichter gestimmte Geister lieber an unbeschwerte Kinderspiele am Strand?

Ein *Haschen nach Wind* könnte noch viel mehr sein. Wenn ich ein Stück fliegendes Papier nicht zu fassen kriege. Wenn der leichte Strandball im Westwind Fahrt aufnimmt. Wenn eine Sturmbö mir die Mütze vom Kopf pustet. Wenn die Strähnen ungebändigter Haare ins Gesicht wehen. Das *Haschen nach Wind* ist oft bemüht und meist: vergeblich.

Dieses biblische Buch Kohelet, auch Prediger genannt, stammt von jemandem, der mit skeptischem Blick auf unsere Umgebung schaut. Viel kriegt der Mensch nicht hin mit all seinem Getue, so scheint er zu sagen. Nichts als Mühe und Arbeit, so erscheint ihm manchmal das Leben. Fast möchte ich ihm mal ein paar Urlaubstage an der See wünschen. Als Erholung nicht nur, sondern zur Besinnung. Denn wer die Chance hat, ab und zu den trüben Alltag mit einer schönen Ferienzeit zu unterbrechen, der kann die Welt schon anders sehen. Hoffentlich jedenfalls. Und vor allem, wenn bei Freizeit und

Urlaubsaufenthalt nicht nur das Nörgeln vor sich hergetragen wird.

Haschen nach Wind und kein Gewinn unter der Sonne – das klingt eher frustriert, ziemlich pessimistisch oder nur genervt. Dieses kleine biblische Buch blickt eben vor allem auf das, was der Mensch so auf die Reihe bringt. Was wir anstellen mit unseren Möglichkeiten. Wie viele Chancen wir auch liegen lassen. Meine Werke – meine Hände – meine Mühe! Tja, wenn sich alles nur um mich selbst dreht. Wenn ich jeden Blick auf andere und für das Drumherum verloren habe, dann heißt die Bilanz schon mal: ganz schön *eitel,* das alles. Dann kann es unterm Strich schon mau aussehen: *kein Gewinn*.

Der Mensch, der sich so seine Gedanken macht, bleibt nüchtern – nachdenklich – lieber leise – besser bescheiden. Er kommt auch nicht gleich mit einer frommen Auflösung um die Ecke. Mit dem Glauben ginge alles besser. Man nehme dies oder das. Dann folge solches oder jenes. Nein, er hat kein Rezept in der Hinterhand, kein therapeutisches Programm. Er schwebt nicht davon, noch katapultiert er sich fort aus der Welt. Und wenn er überhaupt mal von Gott spricht, dann in verhaltenem Ton und mit vorsichtigen Überlegungen.

Es ist übrigens das gleiche biblische Buch, das sagt: *Alles hat seine Zeit*. Vieles braucht seinen Raum. Hauptsache, es ist gut ausbalanciert: Weinen und Lachen, Geburt und Tod, Schweigen und Reden, Streit und Frieden … Man meint zu sehen, wie diese lange Liste des Lebens nun im Wind flattert: *Man mühe sich ab, wie man will, so hat man keinen Gewinn davon.* Vielleicht ist es das, was uns dieses Buch empfiehlt: Lasst die Mühe sein, dieses angestrengte, dieses verkrampfte Beharren. *Unter der Sonne*? Lieber nicht!

Doch wenig später wird resümiert, worauf wir über alles Menschliche hinaus unsere Hoffnung setzen: *Gott hat alles schön gemacht zu seiner Zeit, auch hat er die Ewigkeit in ihr Herz gelegt.* Mag uns vieles verwehen wie ein Haschen nach Wind. Oft halten wir nicht mit und verstehen nicht, was Gott tut. Aber eine Ahnung von Gottes Ewigkeit bleibt uns – ins Herz gelegt.

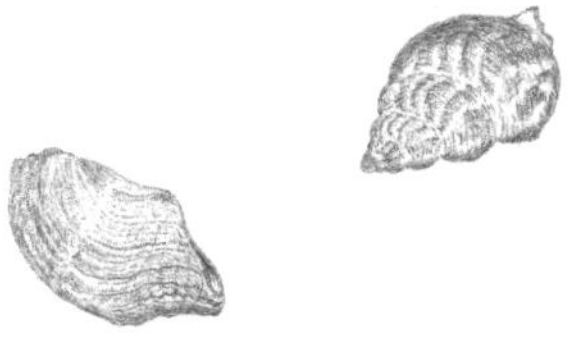

EIN BRAUSEN

Und als der Pfingsttag gekommen war, waren sie alle beieinander an einem Ort. Und es geschah plötzlich ein Brausen vom Himmel wie von einem gewaltigen Sturm und erfüllte das ganze Haus, in dem sie saßen.

Apostelgeschichte 2,1-2

Ein Brausen – das ist nun mal während eines Sommers am Strand kaum richtig zu hören. Und damit meine ich nicht, dass während der Saison, um der Ruhe für die Gäste willen, keine Bauarbeiten laufen dürfen. Nein, so ein echtes *Brausen vom Himmel wie von einem gewaltigen Sturm*, das kann man hier im Herbst oder Winter hören. Und unter Windstärke 7 bis 8 fangen wir da gar nicht erst an. Wer sich dann einmal nachts auf die Strandpromenade wagt, der kriegt richtig was auf die Ohren. Als hätten sich Wind und Wasser zu einem wahnsinnigen Duett verabredet. Was sage ich, ein Battle ist das dann wie im verrücktesten Bebop-Jazz, wenn Saxophone und Posaunen um die Wette spielen.

Ein Brausen immerhin kommt im Sommer vor. Dazu muss man sich allerdings richtig mitten in Brandung und Wellenbrechen hineinbegeben. Wer sich dem tagsüber für etwas längere Zeit ausgesetzt hat, dem dröhnt es oft abends noch in den Ohren – eben *wie von einem gewaltigen Sturm*, wenn wieder Seegang, Windböen und Wellenschlag all ihre Register gezogen haben.

Um nachzuempfinden, was die Bibel in der Pfingstgeschichte erzählt, sind wir an der See also durchaus an privilegiertem Ort. Aber nun übertrage man diese Gedanken und Assoziationen einmal ins Innere eines Hauses, zwischen vier Wände, mitten hinein in das Zusammensein einer Gemeinschaft einiger Menschen. Ich stelle mir das eher als große Verunsicherung für alle vor.

Es ist durchaus so, dass die Menschen um Jesus schon wieder ganz gut zusammenhielten – in den Tagen nach der Angst durch seinen Tod, nach dem verwunderten Aufschrecken über seine Auferstehung. Langsam kommen sie aus ihrem zaghaften Zögern heraus, seit Jesus ihnen begreiflich gemacht hatte, dass sie die Kraft des Heiligen Geistes zu spüren bekommen sollten. Aber was das Brausen nun sollte?

Wieder ist zunächst von Furcht und Schrecken die Rede. *Als nun dieses Brausen geschah, kam die Menge zusammen und wurde verstört, denn ein jeder hörte sie in seiner eigenen Sprache reden. Sie entsetzten sich,* verwunderten sich, waren ratlos. Dann – in der Ruhe nach dem Sturm etwas genauer hingeschaut – haben das Brausen und das Feuer der Begeisterung bei den Beteiligten jedoch vor allem diesen aktivierenden Effekt: *Sie wurden alle erfüllt von dem Heiligen Geist und fingen an zu predigen in anderen Sprachen, wie der Geist ihnen zu reden eingab.*

Großes Stimmengewirr also. Begeistertes, brausendes Brabbeln von Gott. Ein Wortschwall erwidert den anderen. Ein erstauntes Fragen jagt das andere, einem erfreuten Verstehen folgt das nächste – ein lebendiger Dialog der Vielen.

Und - das ist ein wichtiges Element des Geistes Gottes - nicht in einer Einheitssprache, sondern in spontaner, sprudelnder Sprachenvielfalt. Und doch mit viel Wiedererkennen und voller Verständnis füreinander. Vielleicht wie Augenblicke einer internationalen Friedens-Konferenz oder einer großen ökumenischen Versammlung, wie ein Konzert mit Musik aus aller Welt, wie olympische Spiele oder Weltmeisterschaften. Und manchmal eben doch wie mitten am Strand, wenn ich die Augen schließe und über das Brausen der Wellen hinaus die vielen Kinderstimmen höre: ein herrliches Durcheinander von Rufen und Schreien und Weinen und Lachen. Kaum ein Wort genau zu verstehen, aber zusammen ein begeistertes Brausen. Ein bisschen Pfingsten also gibt es jeden Tag an der See, auf Deich oder Insel.

SAND UND STRAND

Meer und mehr

1. Mose 22,17

Werweißwieviel

Jesus Sirach 1,1-3

Sitzen oder Liegen

Psalm 139,1-3

Verwehtes Kritzeln

Johannes 8,6-8

Rettendes Ufer

Apostelgeschichte 27,40-41

MEER UND MEHR

Ich will dich segnen und deine Nachkommen mehren wie die Sterne am Himmel und wie den Sand am Ufer des Meeres.

1. Mose 22,17

Sand ist mehr als eine nette Urlaubsbeigabe. Sand ist Lebensgrundlage vieler Inseln weltweit. Sand wird von Wasser und Wind immer in Bewegung gehalten. Im ersten Buch Mose zeigt Gott Abraham und Sarah den Sand und verheißt ihnen so großen Kindersegen. Unendliche Nachkommenschaft zeichnet sich da am Himmel und am Ufer des Meeres ab. Abrahams und Saras verzweigte Groß- und Patchworkfamilien füllen viele Seiten der Bibel. Dagegen sind unsere heutigen Versuche, Stammbäume aufzustellen, eher bemühte, jedenfalls begrenzte Ausschnitte.

Schon die Vorfahren Abrahams seit Noahs Zeiten sind akribisch aufgelistet. Ihre Familien verweben sich mit allen Völkern des Nahen und Mittleren Ostens. Die Kinder Abrahams umfassen ganze Jahrhunderte und komplizierte Stammesverflechtungen – ein Meer und Mehr von Namen, Namen und nochmals Namen. Später wird das Matthäusevangelium von Anfang an daran anknüpfen. Es will auch die Herkunft Jesu aus den Familien Abrahams und Davids nachzeichnen und so im Volk Israel festmachen und verankern.

Nachkommen also wie Sand am Meer. Und mehr als Namen. Wie bei Sandkörnern ist es unmöglich, sie alle auseinanderzuhalten und jedes einzelne genau nachzuverfolgen. Aber darum geht es den Erzählungen der Bibel hier auch nicht. Sie sagen vielmehr, wie reich beschenkt sich die Menschen der Bibel fühlen, wenn wieder und wieder Kinder geboren werden, wenn eine nächste Generation sich ankündigt, heranwächst und Zukunft für sich einfordert.

Die Bibel agiert eben nicht mit dem Fokus einer aktuellen Kamera oder irgendeiner Webcam in ihrer jeweiligen Epoche ohne Herkunft oder Zukunft. Nein, sie spürt und notiert die Verbundenheit über Generationen hin: im Rückblick, was Prägungen durch die Alten betrifft – und im Ausblick, was Perspektiven für die Jungen bedeutet.

Abraham erhält diese Verheißung übrigens noch ohne eigene Heimat auf der Landkarte. Sein Segen erweist sich unterwegs, mittendrin auf weiten Wegen als Nomade, als wanderndes Volk. Abraham selbst ist kein Siedler, muss für das Grab seiner Frau Sara ein Stück Land sogar erst kaufen. Nun sagt Gott ihm Segen zu, indem er ihn dazu anleitet, sich in der Schöpfung umzusehen, die ihn umgibt. Er soll den Blick schweifen lassen – des Nachts zum Sternenhimmel – des Tags zum Meeresstrand.

Dabei bleibt der Segen Gottes ungreifbar wie ein Himmel voller Sterne, herkommend aus weiter Ferne. Immer schon leuchtend und funkelnd. Seit je Staunen und Freude versprühend. Und der Segen bleibt unfassbar wie ein Strand voller Sand in immer neuen Formen und Farben. Verwehend und prickelnd, heute so und morgen anders. Je nach Gezeiten bewegt und geformt, vom Wasser durchzogen, vom Wind verlagert. Und doch tragfähig für viele Schritte und weite Wege, übersät mit kleinen und großen Fußstapfen, gezeichnet von so vielen Lebensspuren.

Ob Sterne oder Sand: Segen schenkt Zukunft! Der Finger Gottes hat diesen Segen gewissermaßen in den Sand geschrieben - so wie wir das manchmal vor lauter Begeisterung über wunderschöne Sommertage am Strand unseres Urlaubsortes tun. Nur dass Gottes Verheißung besser hält gegen alle Windböen - und länger als bis zur nächsten Welle. Segen schenkt Zukunft! Schreiben wir doch beim nächsten Mal ein kleines Danke in den Sand - für das Meer und Mehr von Gottes Segen.

WER WEIẞ WIEVIEL

Alle Weisheit kommt vom Herrn und ist bei ihm in Ewigkeit. Wer kann sagen, wie viel Sand das Meer, wie viel Tropfen der Regen und wie viel Tage die Welt hat? Wer kann erforschen, wie hoch der Himmel, wie breit die Erde, wie tief das Meer ist? Wer kann die Weisheit ergründen?

Jesus Sirach 1,1-3

Heute geht es um werweißwieviel mehr als um die Vergabe von Nobelpreisen in den Naturwissenschaften oder um Jugend forscht. Das Buch Jesus Sirach kommt da eher der Weisheit nahe, die dem griechischen Philosophen Sokrates zugeschrieben wird. Wenn ich in der Schule wieder mal keine Antwort auf die Fragen des Mathelehrers hatte, fiel mir wenigstens die ein: Ich weiß, dass ich nichts weiß.

Werweißwieviel? Ob Philosophie oder Schulklasse oder Jesus Sirach - man nennt es Aporie - wir kommen in Verlegenheit. Also: *Wer kann das schon sagen, wer erforschen, wer ergründen?* Und eine leise Ahnung davon kann uns in den Schulferien oder der Urlaubszeit am Strand anwehen, wo wir doch eigentlich vorhatten, das Denken gerade mal etwas abzuschalten.

Dort staunen wir angesichts wunderbarer Schöpfung. *Die See - so weit! Der Sand - so viel!* Uns fehlen zwar manchmal die Worte - in den versonnenen Momenten eines Abendspaziergangs am Wasser oder einer Radtour am Deich. *Wie hoch der Himmel ist! Wie breit die Erde! Wie tief das Meer!* Selten genug aber haben wir die Gelegenheit, solchen Fragen überhaupt etwas Raum zu geben - im Alltagsgetriebe und Berufsstress sicher nicht. Solchem Denken, solchem Danken geben Küste und Insel Raum. Und dem Staunen über Maßlosigkeit und Fülle der Schöpfung. Höhe, Weite, Tiefe, die einen einzelnen Menschen fast erschaudern lassen, wären wir ihnen unmittelbar ausgeliefert.

Und doch kann diese kurzzeitige Erfahrung von Begrenzung zu einer erholsamen, erfrischenden Begeisterung werden. Ich muss nicht jede Frage beantworten können. Ich darf in der staunenden Frage bereits ein leises Loblied anstimmen - auf Gott, von dem alle Weisheit kommt. Bei dem sie ewig ist, Heimat- und Aufenthaltsort hat.

Dazu gehören die drei Fragen, die auf den ersten Blick nach einem Strandsommer klingen, der eher verregnet zu sein und sich darum langweilig in die Länge zu ziehen scheint: *Wer kann sagen, wie viel Sand das Meer, wie viel Tropfen der Regen und wie viel Tage die Welt hat?* Was ist allein schon diese Art von Mengenangabe sympathisch im Vergleich zu unseren Zahlworten von Millionen und Abermillionen, die eine große Menge auch nicht begreiflicher machen.

Hier gibt's immerhin was zu sehen. Hier - an der See wie in der Weisheit des Jesus Sirach - gibt's immerhin eine Ahnung: Meeressand, Regentropfen, Tage ohne Zeitgefühl. In der Unmöglichkeit, im Scheitern des Zählens selbst liegt bereits die Anerkennung der überbordenden Wunder, mit denen uns die Schöpfung umgibt, und der überschwänglichen Weisheit, aus der alles kommt und von der es behütet wird.

Wer kann die Weisheit ergründen? Nicht mal der Mensch am Strand. Der Versuch, den Sand zu ergründen, verliert sich in undurchsichtiger See hin zum Meeresgrund. Der Versuch, den Sand zu ertasten, versackt im Wattboden, in der Brandung oder in den Prielen. Der Versuch, zu verstehen, verschwimmt wie der, in den Wellen und Fluten festen Halt zu spüren. Doch Gott sei Dank: Dort, bei Gott, ist *alle Weisheit in Ewigkeit*. So ließe sich das vertraute Volkslied weitersingen:

»Weißt du, wieviel Sand mag liegen
an dem weiten Inselstrand?
Und wie schwer wird er wohl wiegen,
wenn er rinnt durch deine Hand?
Gott, der Herr, ließ ihn so werden,
tief im Meer und sonst auf Erden,
freut sich dran in Wind und Spiel,
freut sich dran in Wind und Spiel.«

SITZEN ODER LIEGEN

Herr, du erforschst mich und kennst mich.
Ich sitze oder stehe auf, so weißt du es;
du verstehst meine Gedanken von ferne.
Ich gehe oder liege, so bist du um mich
und siehst alle meine Wege.

Psalm 139,1-3

Es ist, als hätte dieses Psalmgebet all-inclusive gebucht. Jedenfalls in Sachen Gewissheit, bei Gott geborgen zu sein. Noch bevor ein Anliegen, eine Bitte ausgesprochen sind, wird klar, dass Gott schon Bescheid weiß. Es klingt so vertrauensvoll wie unter alten Freunden: ... kennst mich doch! Und das gilt nun in allen Lebenslagen, die der Psalm durchgeht wie bei den Dehnungsübungen einer Strandgymnastik: *Ich sitze. Ich stehe auf. Ich gehe. Ich liege*. Und es gäbe noch viel mehr Körperhaltungen vom Niederknien über die Liegestütze bis zum Luftsprung, für die das Gleiche gilt: Du, Gott, bist da. Du weißt schon, wie es mir geht und wo etwas weh tut. Ob ich es gerade bequem habe oder im Aufbruch bin. Du verstehst auch, was in mir vorgeht und wo etwas drückt. Du bist um mich bemüht und stützt mich. Ob ich unterwegs oder am Boden bin, aufrecht oder waagerecht, total down oder trainiertes Stehaufmännchen.

Diese Weite am Strand, dieser Raum ohne Hindernis, macht möglich, dass wir uns mit Leib und Seele in alle Richtungen ausstrecken, dehnen, wahrnehmen und ausprobieren. Doch noch bevor unsere eigenen Sinne sich einschalten, hat Gott sich schon ein Bild gemacht, kennt sich in uns und um uns gut aus, wo Vieles uns selbst noch kaum klar ist.

Inmitten dieser unendlichen Weite bietet der Strandkorb Ruhe und Halt – für einen Augenblick oder für einen ganzen Tag. Er ist ein Lieblingsort, der für die Erfahrung, die dieser Psalm in Worte fasst, wie gemacht ist. So ein Strandkorb bietet *vom Aufgang der Sonne bis zu ihrem Niedergang* nicht nur ein Dach überm Kopf, sondern auch reichlich Schutz, *dass dich des Tages die Sonne nicht steche*. Er ist in sich verstellbar und in alle Himmelsrichtungen drehbar. Er kann sich auf uns einstellen in variablen Positionen und ist so mobil wie ein Möbelstück. Hier oder von hier aus kann jede Lebenslage in Ruhe spürbar werden: Sitzen, Aufstehen, Gehen, Liegen.

So ein Strandkorb ist wie gemacht für geschützte Ruhe. Nach seinen Anfängen als Korbsessel nach der Reformationszeit ist er seit seinem Durchbruch Ende des 19. Jahrhunderts ein eher deutsches Phänomen geblieben. Bürgerliche Gäste genießen beim Blick auf die See nun mal die Bequemlichkeit. Jedenfalls ist dieses Sitz- oder Liegemöbel besonders für all jene gedacht, denen Bewegung schwerfällt, denen Sonne und Wind schon bald zu viel des Guten werden. Dazu gibt es Stützen, um die Beine hoch- oder ein Buch abzulegen. Vor allem aber hat er Platz für vertraute Nähe zu zweit. Er selbst setzt sich auch nicht gern den Herbststürmen aus und verbringt die rauen Jahreszeiten lieber hinter den Dünen im Winterquartier.

Im Strandkorb lässt sich dieser Psalm in all seinen Dimensionen nachempfinden. Mag sein, dass wir uns gern zurückziehen von der Welt, die uns oft zu laut, zu grell, zu schnell vorkommt. Indem wir aber an solch einem Ort aufatmen und mal wieder zu uns kommen, wächst zugleich die Gewissheit, eben nicht allein zu sein. Ein Strandkorb bietet Gelegenheit zur Ruhe und fördert beim Blick in die Weite Gewissheit: *Gott, du bist da. Ich sitze oder stehe auf, so weißt du es. Ich gehe oder liege, so bist du um mich.* Diese Gewissheit wird vom Psalm in ebenso einfachen wie klaren Worten ausgesprochen. Und wer so weit gekommen, wer dort angekommen ist, dem öffnet sich neu ein viel weiterer Horizont als das Kreisen um sich selbst. Zwar gäbe es von dort aus eine Fülle von Möglichkeiten, aber die in Gott ruhende Gewissheit macht geradezu wunschlos glücklich. Ich könnte ..., aber nötig ist es nicht. Ich müsste mal ..., und es muss doch gar nicht sein. *Führe ich gen Himmel, so bist du da. Bettete ich mich bei den Toten, so bist du auch da. Nähme ich Flügel der Morgenröte und bliebe am äußersten Meer, so würde auch dort deine Hand mich führen und deine Rechte mich halten.*

VERWEHTES KRITZELN

Aber Jesus bückte sich nieder und schrieb mit dem Finger auf die Erde. Als sie ihn nun beharrlich so fragten, richtete er sich auf und sprach zu ihnen: »Wer unter euch ohne Sünde ist, der werfe den ersten Stein auf sie.« Und er bückte sich wieder und schrieb auf die Erde.

Johannes 8,6-8

Das erste Mal mit dem Sand in Kontakt kommen - das ist ein Wachwerden mit Hand und Fuß! Im Frühjahr erfrischend nasskalt unter den Füßen - im Sommer warm und trocken durch die Hände gleitend und zwischen den Fingern hindurchrieselnd.

Zu jeder Jahreszeit aber kann ich in den Sand schreiben oder malen, mit Hand oder Fuß, mit Stock oder Stein. Dafür eignen sich besonders gut die großen glatten Flächen direkt vor den heranströmenden Wellen. Bei Ebbe ist viel Platz dafür, weil das Wasser zurückgeht und immer neuen Raum freigibt. Bei Flut ist es mit den näherkommenden Wellen eher wie mit Kreide auf einer Schiefertafel, die stetig wieder abgewischt wird. Worte und Bilder im Sand halten nicht ewig, verwischen im Wasser, verwehen im Wind.

Dieser Augenblick, in dem Jesus sich bückt und mit dem Finger auf die Erde schreibt oder in den Sand malt, hat deutlich mehr Schwergewicht als ein leichtfüßiges Spiel in Wellen und Wind. Jesus sorgt in dieser sehr dramatischen Begegnung auf besondere Weise für die Würde einer Frau. Dass die oberschlauen und superfrommen Männer jene Frau ergreifen und anprangern, sie in die Mitte des Platzes auf den Boulevard zerren, bloßstellen, mit Fingern auf sie zeigen und mit dem Gesetzbuch drohen – das beantwortet Jesus mit einem Tun, das fast Aktionskunst ist: Er bückt sich. Er schaut nach unten. Er berührt den Boden. Er schweigt.

Damit schlägt mit einem Mal alle Aufmerksamkeit um. Plötzlich werden die Stimmen still. Alle Blicke richten sich nach unten, auf seinen Finger, der in den Staub kritzelt. Ist es ein Malen, ein Schreiben? Das griechische Wort lässt an Graffiti denken. Kritzeln passt ganz gut, weil es unleserlich bleibt. Denn es scheint nicht weiter wichtig zu sein, was da schließlich im Sand zu erkennen oder zu lesen ist, ob es Worte oder Zeichnungen sind. Sonst hätte es das Evangelium gewiss festgehalten. Aber die wortlose Aktion ist wichtig. Jesus meißelt nicht in Stein. Jesus malt in den Sand. So wie Feriengäste am Strand, wenn sie ihre Freude, ihre Freiheit, ihre Liebe oder ihre Dankbarkeit in den Sand malen.

Noch nachdem Jesus zu den Männern gesprochen hat, beharrt er auf seinem Tun, schweigend, entwaffnend. *Wer unter euch ohne Sünde ist, der werfe den ersten Stein.* Jesus konfrontiert, indem er sie zu einer Portion Selbsterkenntnis provoziert. Er holt sie von ihrem Sockel herunter auf den Boden und reiht sie ein in das grundlegend Menschliche. Mit seinen Worten vertreibt er sie, einen nach dem anderen.

So bleibt die Frau allein, steht nur noch Jesus gegenüber. Dann erst wendet er sich ihr zu, sieht die Ankläger verschwinden, spricht kein Urteil über die Frau, weist ihr nur den neuen Weg ins Freie: *Wo sind sie? Geh hin, sündige hinfort nicht mehr!*

So wird im Tun Jesu - in seinem Schweigen und Reden zur rechten Zeit - laut, wo und wie Menschen ihre Würde verlieren und mit welcher Befreiung sie neue Würde gewinnen. Auch das, was er da in den Staub der Straße, in den Sand am Wegesrand, in die Krumen des Erdbodens malt oder schreibt oder zeichnet, ist nur verschwommen zu erahnen und längst verweht. Es bleibt ein winziger, aber wichtiger Augenblick: eine stille Momentaufnahme zugunsten des Menschlichen. Ein Innehalten gegen eine inquisitorische Institution.

Vielleicht gehen wir deswegen so vorsichtig am Strand spazieren, wenn dort in den Sand gemalt wurde. Wir wollen nicht mit Füßen treten, was andere mit Namen, Herzen, Worten und Bildern zum Ausdruck bringen wollten. Ein winziger Augenblick der Würdigung, bevor Wind und Wellen neuen Raum schaffen für unser eigenes Malen und Schreiben im Sand …

RETTENDES UFER

Und sie hieben die Anker ab und ließen sie im Meer, banden die Taue der Steuerruder los, richteten das Segel nach dem Wind und hielten auf das Ufer zu. Und als sie auf eine Sandbank gerieten, ließen sie das Schiff auflaufen und das Vorderschiff bohrte sich ein und saß fest, aber das Hinterschiff zerbrach unter der Gewalt der Wellen.

Apostelgeschichte 27,40-41

Es ist nur eine Notiz in einem langen Logbuch, einem Seereisebericht, der Teil der Bibel und unserer Glaubensgrundlage wurde. An Bord sind Paulus und einige andere Gefangene auf dem Weg nach Rom. So beschreibt die Apostelgeschichte die Ausbreitung des christlichen Glaubens über das Mittelmeer hinweg bis nach Europa. Diese Entwicklung wäre ohne Seereisen und ohne die Rettung von Schiffbrüchigen kaum möglich gewesen.

Auf der Reise geht es von Israel nach Italien, vom östlichen Rand in die Metropole des Mittelmeerraums. Auf See dreht der seichte Südwind, in den die Segel gesetzt waren, und wird zum steifen Nordoststurm. Zerstörung und Untergang drohen. Aus dem zielgerichteten Kurs in neue Welten wird ein zaghaftes Kreuzen entlang der Küsten, im Schutz von Inseln, mit viel Gegenwind. Ein Inselort mit Namen *Guthafen* steht für die Sehnsucht nach einem festen Ankerplatz in Sturmwind und Unwetter. Dazu dämmert es kaum noch. Nichts als undurchdringliche Dunkelheit – Tag und Nacht fließen ineinander – *weder Sonne noch Sterne* geben Orientierung.

Vierzehn Nächte Treiben im Mittelmeer – lautet eine andere Notiz. Statt nüchterner Geografie zeigen sich frühe

Formen der Globalisierung, denn es geht auch um einen fragwürdigen Gefangenentransport: Paulus und viele weitere Namenlose werden bewacht von Soldaten der römischen Besatzungsmacht. Dunkle Seiten der Seefahrt also zwischen Zypern, Kreta und Malta. Wie so oft geht es in diesem Logbuch auf Leben und Tod. Und die Erfahrungen erschüttern von alters her in bedrängender Geschichte und aktuell in bedrohlicher Gegenwart. Zuflucht Suchende werden zu Gefangenen von Schleppern und, wenn es gut ausgeht, Soldaten zu Rettern von Schiffbrüchigen.

Endlich kommt Land in Sicht. Doch größer als die Hoffnung wird noch neue Gefahr. Denn das Senkblei sendet klare Signale: Klippen drohen. Hektisch wird gehandelt. Schon ist das Fallen der Anker zu hören. Dazwischen leise Stoßgebete und Seufzer auch hartgesottener Seeleute: Möge es doch noch ein Morgen geben! Beiboote werden zu Wasser gelassen. Rat wird gehalten. Paulus redet für die Gefangenen mit der Mannschaft und macht Mut. Auf seinen Rat hin gibt es im ersten Morgenlicht eine letzte Mahlzeit – aus streng rationierter Reserve, verzehrt in der Gewissheit, gerettet zu werden: *Kein Haar soll euch gekrümmt werden!* Mehr Hoffnung geht nicht im Sturm auf See.

Eben noch hin- und hergerissen zwischen Aufbrauchen und Aufsparen der Vorräte. Nun wird die Nahrungsaufnahme nicht mehr verweigert. Gesättigt lässt sich neu anpacken. Kräfte kehren zurück.

Bei Tageslicht scheint eine flache Bucht nahe, obwohl Navigation und Orientierung sonst abhandengekommen sind. Kein Segelsetzen mehr, nur noch Treibenlassen. Selbst Anker werden gekappt. Alles ist aus dem Ruder geraten, alles in den Wind gehängt. Anlanden und Stranden geschehen mit voller Wucht. Der Schiffsbug schiebt sich tief in den Sand, da wird sein Heck schon in der Brandung zerbrochen.

Und doch wird genau diese Sandbank zum rettenden Ufer. Mag Sand zu labil sein, um ein Haus darauf zu bauen, sagt kein Geringerer als Jesus. Vom Wasser aus gesehen kann aber mit einem Streifen Sand in der See schon Küste oder Insel, jedenfalls Rettung nahekommen. Mit dieser Aussicht traut man sich sogar in die Wellen. Wer schwimmen kann, wagt den Sprung ins kalte Wasser. Wer nicht, dem stehen Beiboote oder Balken zu. So wird am Ende doch eine in Ruhe organisierte Rettung der Schiffbrüchigen notiert und eine gute Nachricht: 276 Menschen kommen an Land. Dank einer Sandbank.

HOFFEN IM HAFEN

Großzügige Gastlichkeit

1. Könige 17,9

Fleißiges Arbeiten

1. Könige 9,26

Geschäftiges Treiben

Jesaja 23,2-3

Handfeste Begegnungen

Apostelgeschichte 18,3

Wehmütiger Abschied

Apostelgeschichte 18,20-21

GROßZÜGIGE GASTLICHKEIT

Mach dich auf und geh nach Sarepta,
das zu Sidon gehört, und bleibe dort; denn
ich habe dort einer Witwe geboten, dass
sie dich versorge.

1. Könige 17,9

Gastlichkeit! Verlockend! Verheißungsvoll! Nach Mühe und Anstrengung endlich Zeit und Raum für Ruhe und Erholung. Die hat auch der Prophet Elia im Buch der Könige dringend nötig. Es herrscht Trockenheit im Land - und das ist in diesem Fall keine gute Nachricht für die Sommerwochen im Urlaub, sondern eine klimatische Katastrophenansage. Tag und Nacht herrscht Dürre, mehrere Jahre gibt es *weder Tau noch Regen*, so heißt es.

Elia zieht sich zurück aus seiner bisherigen Beraterrolle. Schlägt sich durch für einige Zeit an einem Nebenflüsschen des Jordan - jedenfalls, solange der ihm noch etwas Wasser liefert. Als auch dieser Bach versiegt, scheint Elia wieder am Ende.

In diesem Augenblick nimmt er Gottes Wegweisung wahr: *Mache dich auf* - in dieses kleine Hafenstädtchen Sarepta, direkt an der Mittelmeerküste, von Israel aus nordwestlich, im heutigen Libanon. Eine Gegend, die von den phönizischen Seefahrern und Handelsleuten geprägt ist. Also viel fremdes Volk aus aller Herren Länder. Dauerndes Kommen und Gehen und hohe Fluktuation, wie es in Hafenstädten bis heute üblich ist.

Dort gerät der Prophet Elia deutlich in die Situation, Gast zu sein. Dort herrschen nicht nur andere Sitten und Gebräuche, die er wahrnehmen und auf die er sich einstellen muss. Dort ist auch die Glaube Israels keine Selbstverständlichkeit.

Wenn Gott Menschen unterschiedlicher Herkunft zusammenführt, ist das immer eine spannende Sache – das kennen wir an der Küste und erst recht auf den Inseln. Dort ist dann Begegnung auf Zeit, die zum Austausch einlädt. Das erleben wir schon bei einer Tasse Tee nach dem Gottesdienst: Wo kommst du denn her? Wie macht ihr das denn bei euch? Wart ihr schon mal hier? Was ist ähnlich, was ist anders?

So werden sich auch die namenlose Gastgeberin in Sarepta und ihr Gast, der Prophet aus dem Süden, unterhalten haben. Sie versorgt ihn. Das ist sogar geboten, sagt die Bibel hier. Sie kann ihm das Wasser reichen; so geht es dann weiter. Und allmählich wird aus dem ersten Abstand eine vertraute Nähe.

Elia fragt sie nach Brot. Die Frau erzählt ihm von ihrer Not. Er lernt von ihr: Vorräte können sogar im Hafenort zur Neige gehen. Nur letzte Reste sind noch da und letzte Energie. Aus dem knappen Erstkontakt wird eine bewegende Begegnung. Und Elia gönnt ihr darin den Gruß seines Glaubens, der die Angst nimmt, der Zuversicht schenkt und Perspektive öffnet: *Fürchte dich nicht* – so sagt er zu dieser angeblich Fremden. *Fürchte dich nicht!* Ein Signal, dass Gottes Verheißung über alle Grenzen hinweg gilt, allen Menschen und gerade denen in Not.

Gastgeberin und Gast erkennen einander als Menschen: auf tägliches Brot ebenso angewiesen wie auf tröstlichen Zuspruch, dass Gott behüten wird.

Lernen wir doch überall von dieser kleinen Szene im Küstenort Sarepta: Nachdem die Frau und Elia miteinander Not und Brot geteilt haben, werden sie sich wohl nie wiedersehen. Auch das kennen wir. Und doch gehören Glaubenshoffnung und Gastlichkeit zusammen. *Fürchte dich nicht!* Diese Worte machen das Hafenstädtchen zu einem Hoffnungsort.

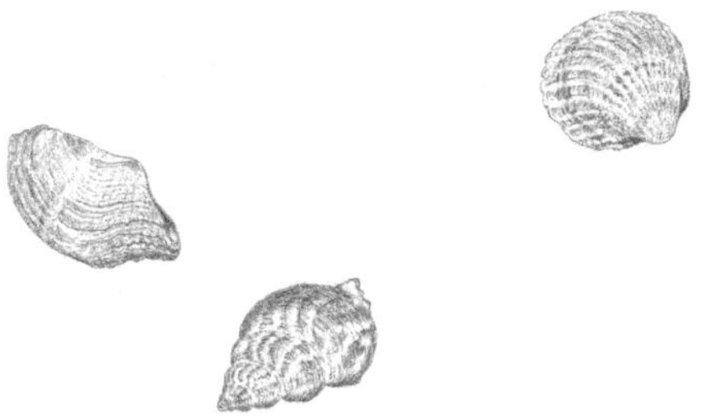

FLEIßIGES ARBEITEN

Und Salomo baute auch Schiffe in Ezjon-Geber,
das bei Elat liegt am Ufer des Schilfmeers
im Lande Edom.

1. Könige 9,26

Ein fleißiges Treiben geht auf den großen Pötten vor sich, wenn wir sie fern auf See vorbeiziehen sehen. Sie wirken so klein und verschwommen. Sie scheinen so leise und ruhig ihre Bahnen zu ziehen. Eine Randerscheinung nur am Horizont der kostbaren Urlaubszeit oder auch bei einem Tagesausflug mit Blick über die See.

Der Name dieser Hafenstadt aus dem ersten Buch der Könige, *Ezjon-Geber*, ist nahezu unbekannt. Das geht Menschen, die noch nie im hohen Norden am Rande des Wattenmeers auf einer Insel waren, sich auch gedanklich noch nicht damit beschäftigt haben, vielleicht ähnlich: Wanger - Wie …? Wangerooge - wo liegt das denn? Ezjon-Geber ist eine absolute Randerscheinung in der Bibel - sowohl geographisch wie auch geschichtlich. Wir müssen auf Google Maps von Israel aus den Zoom schon sehr weit aufziehen, bis dieser Küstenort ganz am Rande des biblischen Horizonts, am Golf von Akaba, auftaucht. Ganze zweimal kommt er in der Bibel in Sicht. Das aber zu durchaus denkwürdigen Zeiten der Geschichte Gottes mit den Menschen.

Zunächst wird in der Befreiungsgeschichte Israels davon erzählt: Gottes Volk macht beim Auszug aus Ägypten ins Gelobte Land auch hier in Ezjon-Geber Station. Wenn sich die geographische Kenntnis über die Jahrhunderte nicht verschoben hat, dann hat dieser Weg durch die Wüste an diesem Hafenort ein Meeresufer berührt. An einem Übergang zwischen Land und See, auch von Steppe zu Weideland, das Schilfmeer genannt wird. Ezjon-Geber mag also dieses Volk Israel – an Wüste und Hitze gewohnt, von Sonne und Dürre geplagt – immer an Wind und Weite erinnern, an herzhafte Seeluft und erfrischendes Meerwasser. Ein Hauch von Insel-Feeling.

Doch da ist neben der erholsamen Seite die zweite Erinnerung an ein emsiges Treiben und fleißiges Arbeiten. Dort, wo der südlichste Zipfel Israels heute auf den Golf von Akaba trifft, im Vierländereck mit Ägypten, Jordanien und Saudi-Arabien, ist ein wichtiger wirtschaftlicher Zugang zum Roten Meer und nach Übersee Richtung Süd und Ost. Gelegenheit also zu Schiffbau und Werftstandort, von dem aus lukrative Handelswege offenstehen Richtung Afrika und Asien.

Als die beiden Könige Israels, *Salomo* und *Joschafat*, es sich auf der Basis ihres Wohlstands leisten können, lassen sie in Ezjon-Geber Schiffe bauen. Wie immer legen da die Könige nicht selbst Hand an, sondern lassen viele andere Menschen, oft unter mühsamen Arbeitsbedingungen, für sich schuften. Immerhin hat sich Salomo selbst auf den Weg dorthin begeben und ein Bild vor Ort gemacht von all der Arbeit hinter den Kulissen.

Mit einer Portion Stolz ist die Rede von den internationalen Wirtschaftsbeziehungen der Königszeit, was den

Hafen von Ezjon-Geber durchaus zu einem Hoffnungsort macht. Häfen sorgen bis heute für Lebensmittel und Wohlergehen, wenn auch die Arbeit der Seeleute und Mitarbeitenden für uns viel zu selten gesehen und gewürdigt wird. Zwar wird es nicht mehr der zentnerweise Import aus dem sagenhaften Goldland *Ophir* sein - wie es weiter heißt. Betont aber wird schon in der Bibel, dass für solchen Handel und Warenaustausch das Knowhow der Crew nötig ist. Profis aus aller Welt gelten als *gute Schiffsleute und auf dem Meer erfahren*. Und sie arbeiten dort auch für uns – Gott sei Dank!

Respekt also bitte für Orte wie Ezjon-Geber.

GESCHÄFTIGES TREIBEN

Wehklagt, Bewohner der Küste, ihr Kaufleute
von Sidon! Deine Boten durchzogen das Meer
und mächtige Wasser. Früchte vom Schihor
und Getreide vom Nil waren Sidons Ertrag.
Es war der Markt der Völker …

Jesaja 23,2-3

Ein eigenartiger Mix weht aus den Worten über die Küstenstadt Sidon herüber. Zum einen blickt diese pulsierende Stadt im benachbarten Libanon an der Mittelmeerküste auf eine Hafengeschichte voll internationaler Handelsbeziehungen zurück - auch mit Israel - und trägt bis heute ihren Namen, der übersetzt Fischerstadt bedeutet. Die Bibel erzählt auch vom Holzimport aus dem Hafen von *Sidon*. Dazu, dass dort Gastarbeiter aus dem Ausland im Einsatz sind - als Handwerker, als Kaufleute, als Seeleute und in der Bordbesatzung. Sidon ist auch noch Fruchthafen für Obst, Gemüse und Getreide aus dem Nildelta. So gilt es eben als *Markt der Völker*. Außerdem hängen an solchen Märkten noch die gleichen Zulieferbetriebe wie an der Küste und auf der Insel: Spedition, Logistik, Sicherheit, Dienstleistung. Stellen wir uns Hafen, Bahnhof und Geschäftsstraße in groß vor, in sehr groß, in mega-groß. Handel weckt immer und überall Hoffnungen.

Doch zum andern kommt nun ein kritischer Ton in die Sache: Sie sollen *wehklagen*, diese Kaufleute, deren Boten auf den Weltmeeren unterwegs Wind, Wetter und Wassergefahren nicht scheuen. Küstenbewohner also, die Klagelieder singen. Das werden wohl kaum Shantys zum Schunkeln sein. Eher sind traurige Klänge zu hören, wie so oft im Blues oder in Spirituals. Denn später heißt es, zwischenzeitlich sei die Stadt geschleift.

Es ist nur die Erinnerung, die dem einst pulsierenden Hafen noch wehmütige Lieder nachsingt. Sollte Sidon künftig wirtschaftlichen Erfolg haben, so heißt es weiter, werde man den nicht mehr wie *Schätze sammeln und aufhäufen*. Ihr Gewinn wird dann anderen zufallen, die vor Gottes Augen bestehen. Die heftigen Vorwürfe gegen diese Seestadt lauten neben Kunstraub auf Menschenhandel und Deportationen: *Sie haben Judäer und Leute von Jerusalem an die Griechen verkauft, um sie weit weg von ihrem Lande zu bringen.*

Das sind die Kehrseiten der ökonomischen Geschäftigkeit, die wir heute Globalisierung nennen. Wer Geschäfte und Gewinne macht, ist seit jeher besonders zur Verantwortung für ein gerechtes Miteinander aufgerufen. Die Hafenstadt hat zeitweise einen schlimmen Ruf, er klebt an ihr wie Teer und Pech, die sonst nur ihre Schiffsplanken abdichten. Doch: Für keinen Ort, an dem Menschen leben, gibt es ewige Verdammnis. Auch Sidon bekommt neue Chancen, neue Hoffnung und neuen Respekt.

Denn in Sidon wird Jesus einem Menschen begegnen, den er heilmacht, dem er guttut, Stimme gibt und die Ohren öffnet. Von Sidon aus wird sich die gute Nachricht ausbreiten, dass Gott *alles wohl gemacht* hat – so das Markusevangelium.

Wie facettenreich das Bild eines solchen Küstenortes doch hinter den Kulissen sein kann. Auch Urlaubsorte kennen nicht nur Sommergeschichten und zählen nicht nur Erfolgsgeschäfte auf.

Später noch wird vom Ärger eines Königs über Sidon erzählt - da entwischt Petrus den Einwohnern aus dem Gefängnis. Doch man einigt sich schließlich friedlich und sichert so die nötige Versorgung mit Nahrungsmitteln aus dem Landesinneren.

Zu guter Letzt wird Sidon für Paulus sogar noch eine Art Heilbad, ein Ort des Aufatmens vor seiner nächsten weiten Reise. In Sidon darf er sich - sonst an Bord gefangen und isoliert - bei einem Landgang *von Freunden pflegen lassen*. So wird auch diese Hafenstadt noch zu einem Hoffnungsort. Hier gibt Gottes Barmherzigkeit Menschen eine neue Chance.

HANDFESTE BEGEGNUNGEN

Und weil Paulus das gleiche Handwerk hatte, blieb er bei ihnen und arbeitete; sie waren nämlich von Beruf Zeltmacher.

Apostelgeschichte 18,3

Da wird erzählt vom handfesten Alltag in der griechischen Hafenstadt Korinth, einer der ersten bunten Christengemeinden, die Paulus besucht. Abgelegt per Schiff in Israel ist er nun unterwegs an den Küsten, auf den Inseln und in Hafenstädten der heutigen Türkei und Griechenlands.

Immer wieder suchen er und die Leute, die ihn wie eine Crew begleiten, diese Übergänge zwischen Land und See auf, wo Menschen vielfältiger Herkunft aufeinandertreffen. Es sind Begegnungen, die zu Gottes Geschichte mit den Menschen dazugehören. Solche Hafenorte sind zu allen Zeiten Meltingpots mit Meerblick. Schon ihr weiter Horizont - nicht nur geographisch, sondern auch kulturell und religiös - macht sie zu Hoffnungsorten. Zwar ist der moderne Tourismus noch unbekannt, es zeigt sich aber zumindest Geistesverwandtschaft, wo der stete Wechsel der Begegnungen von Menschen, ihr Kommen und Gehen, ihr begrenztes Bleiben und Wohnen, den gesamten Alltag prägen.

Das Hafenkind Paulus aus dem heute türkischen Tarsus hat Ähnlichkeit mit manchen Insel- oder Küstenkindern. Paulus ist ein vielfältig versierter Typ. Meist kennen wir ihn als Briefschreiber, Ratgeber, Lehrer, Prediger. Seine Erfahrung ist aber noch viel reicher: Er weiß, was Gefangenschaft, Krankheit, Gottvertrauen, Zweifel, Fürsorge, Geldnot, Pflege bedeuten. Paulus könnte es so sagen, wie ein Insulaner, den ich am Anfang meiner Zeit im Inseldorf fragte, was er denn so beruflich hier mache. Dessen Antwort war: Alles! Kurz und trocken. Und ich begriff voller Respekt: An solchen Orten leben und arbeiten viele Allrounder, nur wenige Menschen sind einseitig unterwegs. Auch das gehört zum Meltingpot.

Trotzdem: Paulus hat auch noch einen Beruf. Und der wird sichtbar, als er in Korinth und seinem Hafen Kenchreä an Land gespült wird. Aus seinem mehr oder weniger zufälligen Stranden werden einige Jahre, die er dort hängenbleibt. Bald lernt Paulus Phoebe kennen und schätzen. Diese Frau steht im Dienst der dortigen Gemeinde, die sich aus den vielen, in die Hafenstadt zugewanderten Menschen zusammensetzt. Und einmal schwärmt er dankbar von ihrem großen Engagement und schreibt: *Sie hat vielen beigestanden, auch mir selbst.*

Dann schließt Paulus sich Aquila und Priszilla an. Dieses Handwerkerpaar ist aus Rom vor der Verfolgung geflohen. Die beiden haben einen Zeltbaubetrieb in der Hafenstadt. So geben sie Paulus Arbeit in seinem eigenen alten Handwerk. Und fast wie nebenbei erfährt man, dass Paulus auch mit seinen Händen arbeiten konnte: mit Zeltbahn und Holz, mit Säge und Messer, mit Stoff und Seil, mit Nadel und Faden. Vom engagierten Einsatz

dieser beiden für andere ist er ebenfalls begeistert: *Sie haben für mein Leben ihren Hals hingehalten.*
In der ebenso kleinen wie bunten Christengemeinde von Korinth gewinnen sie gemeinsam mit Silas, Timotheus und anderen bald viele Bewohner für den Glauben. Dazu gehören auch die handfesten Dinge des Alltags: vom Verfassen mancher Briefe bis zum Friseurbesuch, vom kleinen Ärger bis zum schönen Erfolg.

Ob Hafen, Küste oder Insel: Die Begegnungen in ihrer Vielfalt und das Miteinander voller Respekt machen sie zu Hoffnungsorten.

WEHMÜTIGER ABSCHIED

Sie baten Paulus aber, dass er längere Zeit
bei ihnen bleibe. Doch er willigte nicht ein,
sondern nahm Abschied von ihnen
und sprach: »Will's Gott, so werde ich
wieder zu euch kommen.«
Und er fuhr weg von Ephesus.

Apostelgeschichte 18,20-21

Wehmut weht über Ephesus – der Ort liegt an der heutigen Küste der Westtürkei zur Ägäis hin. Wehmut, weil sein Hafen über die Zeiten hinweg komplett versandet ist und der Küstenverlauf heute weit vor der ehemals pulsierenden Hafenstadt liegt. Noch heute sind dort Ruinen davon zu sehen: ein Tempel, eine Bibliothek, das Theater, Toiletten sogar. Und auch ein langes Stück ihrer alten Hafenstraße. Erinnerungen an alte Zeiten. Fast wie bei uns auf Wangerooge an der Inselbahn zum Fähranleger, wo bei starker Ebbe einige Pflöcke den früheren Standort eines Yachthafens zeigen. Und erst recht, wie draußen am Ostanleger, wo verwitternde Holzbalken noch den alten Trassenverlauf einer Hafenanlage andeuten.

Auf der Rückreise und nach Haltepunkten in griechischen Häfen hat Paulus' Schiff nach langer Überfahrt endlich in Ephesus angelegt. Paulus bleibt vorerst nur für ein paar Gespräche, betont aber: *Will's Gott, so will ich wieder zu euch kommen*. Manchmal wirkt sein Unterwegssein in der Region geradezu wie Inselhopping. Und die Leute sind froh, wenn ihre kleinen jungen Gemeinden diese Unterstützung durch Besuche von erfahrenen Mitarbeitenden erfahren.

Noch muss Paulus weiter - später bleibt er für einige Jahre. Doch an solchen Orten heißt es neben Begegnen und Kennenlernen eben immer auch Abschiednehmen in Wehmut. Hier treffen sich Menschen aus der ganzen Welt rund ums Mittelmeer. So sind Paulus' Zeltmacherkollegen aus Korinth mitgekommen. Apollos aus dem berühmtem Hafen Ägyptens Alexandria kommt hinzu und viele andere. Ein wunderbar buntes Treiben.

Paulus tauft und predigt hier, so heißt es, *frei und offen drei Monate lang, lehrte und überzeugte sie von dem Reich Gottes*. Weitere zwei Jahre wirkt er noch in einer Schule der Hafenstadt als Lehrer - *mit nicht geringen Taten*, so heißt es.

Wahrlich ein Hoffnungsort, und doch auch das keine Insel der Seligen. Denn es geht wie überall nicht ohne Konflikte zu. Da streitet die heimische Wirtschaft, weil die Leute ihre Hoffnung nun nicht mehr auf die menschengemachten Gottesbilder setzen wollen. Daran verdienen jedoch rund um den Hafen das Goldschmiedehandwerk und manche Zulieferbetriebe, wenn diese Bilder und Tempel errichtet werden. Doch Paulus' Botschaft - *Was mit Händen gemacht ist, das sind doch keine Götter* - bringt die Branche in Verruf. Verdacht kommt auf, keinen Respekt voreinander zu haben. Das führt sogar zu Getümmel in der Stadt. Dem Stadtrat gelingt es aber, die Gemüter wieder zu beruhigen, im Sinne eines Miteinanders auch verschiedener Glaubensauffassungen.

Als Paulus und seine Crew später noch mal in der Nähe anlegen, treffen sie den Rat der Gemeinde Ephesus wieder. Der Rückblick auf ihre gemeinsamen guten Zeiten fällt dabei so emotional aus, dass im Hafen Abschiedstränen fließen.

Das kennen wir gut vom Fähranleger oder vom Bahnhof: Am liebsten möchte man für immer bleiben. Alles festhalten und bewahren, was hier gemeinsam erlebt werden konnte. Und niemand weiß so genau, ob wir uns jemals wiedersehen. Leute der Gemeinde begleiten Paulus sogar bis an Deck, erst dort können sie sich *losreißen*. Schließlich legt das Schiff ab, zieht weiter von Insel zu Insel. Gute Reise! Und bald betreten sie wieder Festland, sind gestärkt zu neuen Aufgaben und bewahren im Herzen die Hoffnung des weiten Horizonts.

WASSER UND WELLEN

SCHWEBENDE BRISE

Am Anfang schuf Gott Himmel und Erde.
Und die Erde war wüst und leer, und Finsternis
lag auf der Tiefe; und der Geist Gottes
schwebte über dem Wasser.

1. Mose 1,1-2

Welche eine Wohltat ist an der See das Wasser selbst – wenigstens mit den Füßen muss man hinein. Ganz zu Beginn der Bibel ist das Wasser längst da.

Und gerade auf einer Insel mitten in der See erleben wir die ganze wundersame Bandbreite, in der vielfältige Arten von Wasser vorkommen und wir ihnen begegnen. Es ist keine banale Beobachtung, dass die gesamte Umgebung der Insel Wasser ist. Es umgreift, umhüllt alles Leben der Insel. Das zeigen auf Wangerooge sogar die Kirchenfenster, die mit ihren blauen Wellen rund um die versammelte Gemeinde zu sehen sind.

Auch das ist keine Binsenweisheit, dass wir als Lebensmittel *unser täglich Wasser* nötig haben, von ihm leben, ja, zu großen Teilen selbst aus Wasser bestehen, einander das Wasser reichen, uns mit allen Wassern waschen, uns auf ihm und in ihm bewegen. Welch eine Vielfalt von Wasser und Wellen!

Wasser bekommt in der Schöpfungsgeschichte eine herausragende Bedeutung. Wasser reiht sich nicht einfach ein unter die Geschöpfe, es geht allen voran. Zwar steht in der Überschrift geschrieben, dass Gott Himmel und Erde schuf. Aber es wird dann nicht ausdrücklich gesagt, dass Gott das Wasser erst in einem eigenen Akt oder an einem eigenen Tag geschaffen habe.

Was anfangs zu Zeiten von *Tohuwabohu* und *Finsternis auf der Tiefe* noch über dem Wasser schwebt – so wie die Gischt bei tüchtig Westwind über die Brandung sprüht –, das ist der Geist Gottes. Wobei das deutsche Wort Geist ziemlich unklar bleibt, irgendwie durchsichtig, aber eben auch unbegreiflich. Im Hebräischen kann man das hören, sogar ein wenig spüren. Dort heißt diese Kraft Gottes nämlich *Ruach – und ist übrigens weiblich.*

Wer probiert, das auszusprechen, spürt es gleich: Das ist ein Hauch, ein Schweben eben, ein Luftzug, eine Brise Wind, sogar ein kräftiger Sturm – all das heißt in der Bibel Ruach. Das deutsche Wort Geist ist dafür beinahe zu klein, wenig konkret, irritierend körperlos. Die Ruach ist schon nicht ganz leicht greifbar, aber oft sanft und hier und da eben durchaus körperlich zu spüren. Wenn diese Kraft nun besonders *über dem Wasser* sprüht, ist klar, dass die schwebende Brise eine hohe Luftfeuchtigkeit hat. Wasser und Geist gehören zusammen!

Die Ruach wird zum vorläufigen Schluss der Schöpfung nochmal zum Einsatz kommen. Da ist sie dann der Lebensatem, den Gott endlich auch dem Menschen einhaucht – beinahe wie bei einer Mund-zu-Mund-Beatmung. Das kommt einem schon sehr nahe. Aber dieser Hauch Gottes ist eine Form der Ansteckung, die uns guttut. So belebend, wie eine Sauerstoffzufuhr beim Strandspaziergang an Wasser und Wellen entlang, wo wir das Gefühl haben, diese schwebende Brise fast einzuatmen. Sie ist ein Rückenwind, der Menschen einen Schubs ins Leben gibt. So verstanden wird jeder Atemzug, den wir tun, zu einem kleinen Anteil an der großen Kraft Gottes.

LEBENDIGE BASIS

Die Erde ist des Herrn und was darinnen ist,
der Erdkreis und die darauf wohnen.
Denn er hat ihn über den Meeren gegründet
und über den Wassern bereitet.

Psalm 24,1-2

Zwischen Glauben und Naturwissenschaft und auch zwischen verschiedenen Religionen machen wir es uns gern einfach, indem wir die großen Gegensätze behaupten und uns selbst und gegenseitig zu einem ständigen Entweder-Oder drängen. Irgendwie scheinen wir Schubladen und Etiketten zu mögen. Dabei könnte die Tatsache, dass alles Leben aus dem Wasser hervorgegangen, dass alles Leben von diesem Grundelement Wasser abhängig ist, eine gute, eben eine lebendige Basis für ein Mit-ein-ander der Verschiedenen sein.

Es fängt damit an, dass Menschen sich vielfach den Kosmos in ein Oben und ein Unten aufgeteilt vorstellen. Mal spielt der Himmel eine größere Rolle, dann wieder das Innere der Erde - was für uns beides in ähnlicher Weise kaum greifbar ist. Im Nichtwissen wie im Weiterdenken sind wir alle ebenso gerne groß wie geistesverwandt. Die eine Schöpfungsgeschichte erzählt es so, die andere setzt jene Akzente - und wir ahnen, dass das Wissen nur bestimmte Aspekte liefert, zu denen sich andere gesellen aus Kunst, Musik, Poesie und Glaubensvorstellungen.

Sogar innerhalb der Bibel finden sich durchaus unterschiedliche Vorstellungen vom Miteinander von Himmel und Erde, Meer und Land, Mensch und Schöpfung, sogar Mensch und Gott. Dass aber das Wasser eine lebendige Basis, dass die Meere eine wichtige Lebensgrundlage für Mensch und Tier und Pflanze sind, das durchzieht viele der biblischen Bilder.

Sogar dieser erste Glaubenssatz aus dem Psalm, *Die Erde ist des Herrn,* könnte erstaunlich bald für Einigkeit sorgen, wenn wir ihm zunächst nur die Einsicht entnehmen, dass die Erde jedenfalls nicht *des Menschen* ist. Schon gar nicht nur einer aktuellen Generation gehört, deren Verhalten keine Rücksicht nimmt auf andere, keinen Respekt vor vergangenen zeigt und keinen Raum zugunsten künftiger Generationen lässt. Besser also*, die Erde ist des Herrn.*

Besonders auf einer Insel wird spürbar, welch lebendige Basis die See und das Wasser bilden – und das wiederum mit unterschiedlichen Facetten. Salzwasser umgibt die Insel, kommt und geht in Ebbe und Flut, liefert Sand und nimmt den Sand, auf dem sie gebaut ist. Trinkwasser aber wird da schnell knapp. Es braucht die Wasserlinse unter der Insel und die Belieferung mit Wasser vom Festland her. Sonst wäre es für die vielen Gäste nicht genug.

Doch es geht nicht nur um Naturphänomene. Wovon sollten Menschen an der Küste leben, wenn nicht von der See? Und sei es von der Suche anderer Menschen nach heilsamer Erholung an der See? Erst seit gut 200 Jahren kennt der Mensch die See nicht bloß als lebensgefährliche Bedrohung, sondern als belebende Basis. Die Zeiten von Fischfang, Kleinspeditionen und Strandbeuterei sind lange vorbei. Doch alle Menschen, die hier heute leben und arbeiten, tun das am Wasser, haben ihre Existenz in irgendeiner Weise auf dieser lebendigen Basis des Meeres gegründet. Und sie bereiten ihren Gästen hinter den hohen Dünen über den Wassern von Jahr zu Jahr erneut Ruhe, Erholung, Belebung und Stärkung.

Zum Respekterweis vor Anderen und zur Rücksichtnahme auf Andere könnte demnach doch noch eine Resonanz kommen: ein Danklied für die Schöpfung und das Zutrauen in den unbegreiflich wunderbaren Segen Gottes, der uns diese lebendige Basis *bereitet* hat, sie bewahren und behüten will.

DONNERNDES BRÜLLEN

Die Stimme des Herrn erschallt über den Wassern, der Gott der Ehre donnert, der Herr, über großen Wassern. Die Stimme des Herrn ergeht mit Macht, die Stimme des Herrn ergeht herrlich.

Psalm 29,3-4

Dieses donnernde Brüllen kommt von der See. Menschen durchleben es genussvoll und durchleiden es gefahrvoll. Besonders in leichter Sommerstimmung sprechen wir gerne vom Meeresrauschen, diesem mehr oder weniger gleichmäßigen Geräusch, das Wasser und Wellen in der Brandung und im Spülsaum verursachen. Eine Meeresmusik, die wir natürlich nur wahrnehmen, wenn wir uns auf sie einlassen. Mitten am Hauptstrand wird sie oft übertönt vom Lärm vieler Menschen. Man muss schon ein wenig die Einsamkeit suchen. Besser lassen wir den Wind um die Nase wehen, die Luft an die Ohren und die Kopfhörer weg.

Donnerndes Brüllen - das ist richtig heftig in den Monaten Januar oder Februar. Wenn ein Orkan die Brecher bedrohlich nahebringt. Wenn die Dünenkanten böse angefressen werden. Da kann es schon ohrenbetäubend sein, auch nur auf der Strandpromenade zu stehen - mittenhinein traut man sich nicht.

Auf See - oben auf der Brücke eines modernen Containerschiffs zum Beispiel - sind Wasser und Wellen dort unten in etwa 50 Meter Tiefe kaum hörbar. Da sind die Segler doch viel näher dran. Erst recht waren Weltumsegler der Seefahrtgeschichte unmittelbar von dieser Naturgewalt bedroht. Da ist das Brandungsbaden des Sommers, das in den Ohren nachklingt, nichts dagegen. Der Psalm heute scheint das donnernde Brüllen fast schon zu genießen. Dieses Gebet aus unbekanntem Mund preist die Stimme Gottes wahrlich in höchsten Tönen. Diese Worte schwärmen davon, den Lautstärkeregler voll aufzudrehen: Play it loud! Auf unserer Insel Wangerooge sind ähnliche Psalmworte sogar öffentlich an prominenter Stelle zu lesen, am Uhrenturm der Promenade. Psalm 93,4 steht da geschrieben: *Mächtiger als das Tosen großer Wasser, mächtiger als die Wellen des Meeres ist der Herr in der Höhe.* Im Psalm zieht die Stimme Gottes wahrlich alle Register, so wie es annähernd eine Orgel tun kann, die mit ihren Klängen ein Kirchenschiff erfüllt.

Dieser Vergleich zwischen Gottes Stimme und dem Rauschen der See, dieser Komparativ – Gottes Stimme sei noch mächtiger als das –, will gewiss kein Bedrohungsszenario aufbauen. Ganz im Gegenteil: Sie ist nur eine lautstarke Variante der Worte, die in der Bibel häufig eher persönlich zugesprochen werden und daher viel leiser wirken: *Fürchte dich nicht!*

Die Stimme des Herrn ergeht mit Macht, die Stimme des Herrn ergeht herrlich. Diese Stimme klingt mit, wenn Jesus mit den Fischern in einem Boot, der tosenden See, dem Sturm entgegentrotzt: *Schweig und verstumme!* Auch das könnte ein einzelnes, aber donnerndes Brüllen sein. Dem dann eine große Stille folgt. Und der Zuspruch: *Fürchte dich nicht!*

Oft scheint uns die leise Stimme Gottes sympathischer zu sein, einfühlsamer, rücksichtsvoller für unser Gehör. Wir werden eben besonders empfindlich, wenn sich mal eine Gegenstimme zu Wort meldet oder uns mal kräftig die Meinung gesagt wird.

Dann wieder wünscht man sich spontan, dass die Stimme Gottes ruhig mal den Lauten geben könnte, dass sie klipp und klar, konzentriert und kräftig ansagt, was Sache ist und wo es langgeht. Selbst in donnernder See kann Gottes Stimme herauszuhören sein. Indem sie das eine Mal heftig ermahnt und das andere Mal herrlich ermuntert.

FRIEDLICHE BRANDUNG

So spricht der Herr, dein Erlöser, der Heilige Israels: »Ich bin der Herr, dein Gott, der dich lehrt, was dir hilft, und dich leitet auf dem Wege, den du gehst. Oh dass du auf meine Gebote gemerkt hättest, so würde dein Friede sein wie ein Wasserstrom und deine Gerechtigkeit wie Meereswellen.«

Jesaja 48,17-18

Mal wüten die Wellen mit wahnsinniger Wucht, mal singt die See ein sanftes Säuseln. An friedlicher Brandung entlang suchen wir Ruhe und Erholung, atmen ein, was die See an Salzluft hergibt, nehmen diesen Mix aus rhythmischem Klang und ruhender Stille in uns auf.

Der Prophet Jesaja erinnert das Volk Gottes an die Befreiung, an das Loskommen aus der Versklavung in seiner Geschichte. Seine Worte führen uns erneut vor Augen, was uns aus dem Blick geraten ist, dass nämlich von Gott Hilfreiches zu lernen wäre und seine alte Wegweisung neue Orientierung gibt.

Mehr Aufmerksamkeit für Gottes Gebote könnte für die anstehenden Herausforderungen klare Perspektiven bringen, indem sie uns gewissermaßen zwei Strömungen Gottes für unser Miteinander zeigen: Frieden und Gerechtigkeit. Diese beiden Strömungen durchziehen die Gebote, die Wegweisungen Gottes. Frieden und Gerechtigkeit sorgen für einen immer neuen Zustrom an Energie und an Sinn für unser Tun.

Dabei bilden Gottes Wort und Gebot kein steifes Korsett, keine betonierte Trasse, wo wir eingeengt wären wie in einem Kanal. Die beiden Strömungen haben eher etwas von *Meereswellen*, die in Gezeiten von Ebbe und Flut kommen und gehen. Da gibt es Phasen zwischen Austrocknen und Überspültwerden und viel Bewegung zwischen Hochwasser und Niedrigwasser. In allem Auf und Ab dessen, was wir zustande bringen und was uns danebengeht, sorgt die Orientierung an den beiden Pegeln Frieden und Gerechtigkeit für das Erleben einer friedlichen Brandung. Orientierung an diesen Wasserständen gibt unserem Leben einen verlässlichen Rhythmus, hält die Waagschalen unserer Entscheidungen in stetiger Balance.

Die Höhepunkte und die Tiefpunkte mögen sich von Tag zu Tag verschieben wie Hoch- und Niedrigwasser und müssen stets neu erkundet werden. Ihr Kommen und Gehen sollten wir nicht nur am Strand, sondern auf all unseren Wegen rechtzeitig im Blick behalten.

Und noch etwas: Friede und Gerechtigkeit sind ein Politikum, jedenfalls nicht bloß Naturphänomene, die wir nebenbei nehmen oder nutzen, wie sie nun mal sind. Wer auf großer Fahrt beide gut im Blick behält, macht es wie der Steuermann an Bord, der die roten und grünen Tonnen längs der Fahrrinne und die Pricken im Watt immer im Augenwinkel hat. – So wird *dein Friede sein wie ein Wasserstrom und deine Gerechtigkeit wie Meereswellen,* die dich hindurchtragen. So wird auch dein Zutun zum Miteinander beitragen und dein Einwirken den gemeinsamen Weg gestalten. So wird auch das, was wir an friedlichen Schritten und gerechten Entscheidungen hinbekommen, tragfähig machen, gerade so, *wie ein Wasserstrom* und *wie Meereswellen* es tun.

Mag sein, dass unsere Schritte nur eine kleine Welle machen und unsere Energie nur eine geringe Strommenge produziert. Aber auch da gilt das Gleiche wie beim Strandspaziergang oder Brandungsbad: Was wäre schon eine einzelne Strömung und eine einzige Welle? Beide werden schnell versanden. Mit allen zusammen jedoch könnte das schon eine ganze Menge Auftrieb bringen, um am Ende für weniger zerstörerische Fluten zu sorgen und für mehr friedliche Brandung.

BRAUSENDER BEIFALL

Das Meer brause und was darinnen ist,
der Erdkreis und die darauf wohnen.
Die Ströme sollen in die Hände klatschen, und
alle Berge seien fröhlich vor dem Herrn; denn
er kommt, das Erdreich zu richten. Er wird
den Erdkreis richten mit Gerechtigkeit
und die Völker, wie es recht ist.

Psalm 98,7-9

Ganz gleich ob es ein mächtiges Meeresbrausen oder ein winziges Wellenglucksen oder auch rauschende Regentropfen sind - sie alle beteiligen sich an dem brausenden Beifall, den die Schöpfung hörbar, spürbar Gott dafür zollt, dass sie ins Leben gerufen ist.

Da ist die See, da sind die Wellen und Strömungen uns Menschen ziemlich weit voraus. Angesichts dieser wunderbaren Weite an der See, der faszinierenden Vogelwelt und der Meerestiere, der blühenden Salzwiesen und der Dünenlandschaften sollte man doch einfach mal der Begeisterung freien Lauf lassen und *in die Hände klatschen*. Tosend müsste unser begeisterter Beifall sein!

Wir erleben gerade an Küsten und auf Inseln ein besonderes Konzert der Schöpfung mit ausgetüftelter Darbietung. Choreographie, Sound, Lightshow - was für ein Fest! Und das Tag für Tag. Dabei haben wir beim Schöpfer kein Ticket dafür gelöst, könnten keinen Logenplatz beanspruchen und sollten auch nicht nimmersatt dauernd noch eine weitere Zugabe fordern. Doch wenn dieser Psalm die ganze Schöpfung zum Beifall animiert - dürften wir da unsere Hände bequem in den Schoß legen? Oder gar achselzuckend unbeteiligt in die Taschen stecken? Es ist eben nicht peinlich, sich dem fröhlichen Klang des Klatschens der Wellen an Strand oder Kaimauer anzuschließen und einzustimmen.

Es kommt ein weiterer Aspekt hinzu, der nicht nur das, was sich da in der Schöpfung zeigt, betrachtet und so begeistert reagiert. Es kommt auch noch eine Erwartung hinzu, eine Zukunftsperspektive, eine ganz eigene Art Zugabe: *Die Ströme sollen in die Hände klatschen, und alle Berge seien fröhlich vor dem Herrn; denn er kommt, das Erdreich zu richten.* Und zwar in Gerechtigkeit und wie es recht ist.

Also werden Gottes Gebot, Gottes Wegweisung, Gottes Gerechtigkeit genau dieser Schöpfung gut tun. Sie stehen für eine angemessene Orientierung für unseren Umgang miteinander und mit unseren Mitgeschöpfen. Sie geben unserm Verhalten als Menschen eine Richtung, die von Respekt und Rücksichtnahme geprägt wäre. Demnach gilt unser Beifall nicht nur der simplen Bereitstellung einer Umgebung, in der wir uns dann benehmen könnten wie die berühmte Axt im Walde oder als gäbe es kein Morgen mehr. Unseren Beifall verdienen auch die Wegweisungen Gottes für das gemeinsame Leben in dieser Welt. Hilfreiche Orientierung, barmherziges Urteil, aufbauende Richtungsangabe, faires Miteinander. Nicht nur aus der Betrachtung der Schöpfung, auch aus der Erkenntnis dieser Sinnhaftigkeit könnte also unser Beifall resultieren.

Seien wir uns nicht zu vornehm für den Jubel aus vollem Herzen und nicht zu sparsam mit dem staunenden

Jauchzen. Gönnen wir Gott - diesem begeisternden Schöpfungskünstler, dieser barmherzigen Rechtsanwältin - zusammen mit den klatschenden Strömen und den fröhlichen Bergen - ein kräftiges WOW und - nur zu! - einen tosenden Beifall!

SPÜREN UND STAUNEN

SCHÖNER GLANZ

Gott, der Herr, der Mächtige, redet und ruft der Welt zu vom Aufgang der Sonne bis zu ihrem Niedergang. Aus Zion bricht an der schöne Glanz Gottes. Unser Gott kommt und schweiget nicht.

Psalm 50,1-3

Sonne im Gesicht. Können wir uns in Mitteleuropa Schöneres vorstellen? Ein Ideal, das ganze Urlaubskataloge bebildert und Sehnsüchte weckt. Bisweilen begrüßen bereits fidele Braungebrannte die von den Reiseanstrengungen noch müden Weißhäutigen bei ihrer Ankunft mit Spott. Doch wenige Stunden später ist all das vergessen, weil erste Sonnenstrahlen die Haut haben erröten lassen und erste Seeluft die Lungen geweitet hat. Das helle Licht des Sommers hat im flachen Land, vor weitem Horizont, frei von Hindernissen besonders viel Raum, um bis in die Tiefe zu wirken. Es lässt die Schöpfung leuchten von der glitzernden See bis zum gleißenden Sand. Und es lässt unter ihren Geschöpfen besonders die Menschenkinder lächeln – zwischen fröhlichen Sommersprossen und ausgeblichenen Haarsträhnen.

Die Bibel schwärmt weniger von der sengenden Mittagshitze als von der frühen Morgenröte eines Sonnenaufgangs. Sie ist im Vergleich zum verschlafenen Feriengast eher eine muntere Frühaufsteherin. Oder eben eine nimmermüde Nachtschwärmerin. Denn sie singt und lobt *vom Aufgang der Sonne bis zu ihrem Niedergang*. In den ersten Sonnenstrahlen zwischen Wolkenbahnen sieht sie die Streben eines Himmelszeltes der Hoffnung auf den neuen taufrischen Tag. Mit ihnen werden zwischen Dunkelheit und Wolkenwand schwebende Pflöcke aufgerichtet, an denen sich Zuversicht festmacht. Nicht von ungefähr wird erzählt, dass am Ende der Osternacht – *sehr früh, als die Sonne aufgeht* – das Bangen und Hoffen der Frauen am Grab vom neuen Licht erwartungsvoll umrahmt wird. Und das letzte Tageslicht signalisiert in der Freude des Miteinanders am Tisch von Emmaus, dass *es Abend werden will, der Tag sich neigt* und das Bleiben in der Gemeinschaft erbeten wird.

Die Bibel findet erstaunlich viele Worte für das Licht. Von dem Leuchten nach einem Regenschauer bis zum schönen *Glanz Gottes, der aus Zion anbricht*. Ein Glanz, der das Licht von Sonne und Mond sogar noch übertreffen wird. Nicht die Faulen werden in der Sonne liegen, sondern die Verständigen werden leuchten wie des Himmels Glanz, verheißt der Prophet Daniel. Licht, das nicht nur aufblitzt und so sehr blendet, dass dann nur neue Finsternis bliebe. Vielmehr Licht, das zum Beispiel Paulus neuen Glanz auf die vor ihm liegenden, noch kommenden Lebenswege legt und dafür klare Orientierung schenkt.

Natürlich wird in einer Umwelt wie der Israels viel deutlicher vor den Gefahren der Sonne gewarnt. Vorsicht vor Sonnenbrand! Darum ist ein Inbegriff des schützenden Handeln Gottes im Psalm der Schatten. *Dass dich des Tages die Sonne nicht steche, noch der Mond des Nachts.*

Sonne im Gesicht. Trotz aller Strandbeschallung aus Lautsprechern, trotz umfangreicher Playlists über Ohrstöpsel ist das Spüren von wärmenden Sonnenstrahlen für die meisten Menschen immer noch ein stiller Genuss. Ihr Aufleuchten und Durchscheinen sind intensiv spürbar, bringen aber weder Klang noch Geräusch mit sich. Für die Psalmen jedoch redet darin Gott mit der Welt. So verstanden können Sonnenstrahlen vielsagend sein, sprechend, Auskunft gebend über den *schönen Glanz Gottes*. Von seinem Aufenthaltsort her, dem Zion, bricht dieses Licht auf und macht sich auf den Weg bis an die Enden der Erde.

KÜHLE BRISE

Weißt du, wie die Wolken schweben, die Wunder des Allwissenden? Du, dem schon die Kleider heiß werden, wenn das Land still liegt unterm Südwind, kannst du gleich ihm die Wolkendecke ausbreiten, die fest ist wie ein gegossener Spiegel? Eben sah man das Licht nicht, das hinter den Wolken hell leuchtet; als aber der Wind daherfuhr, da wurde es klar.

Hiob 37,16-18.21

Der Wind, dieses wahrhaft himmlische Kind, gehört an der See fast immer dazu, auch im Sommer. Wind in allen Stärken, Wind aus allen Himmelsrichtungen. Wind mit Gischt vermischt. Wind Hand in Hand mit Sand. Windstille dagegen, in der sich kein Lüftchen regt und einem *schon die Kleider heiß werden,* ist hier sehr selten. Mag die Erhabenheit von Bergen und Gipfeln fehlen – die belebende Erfrischung durch den Wind ist allerorten und allezeit zu spüren: eine Kraft Gottes, die weht, wo sie will. Wer im Sommer aus dem Schutz von Hauswand oder Düne tritt, dem weht zumindest eine Brise ins Gesicht. Wer sich in kühleren Jahreszeiten den Deich hinauf Richtung See bemüht, kann durchaus eine geradezu umwerfende Begegnung mit der Kraft eines Windstoßes erleben.

Nach einem langen Sonnentag mit glühendem Gesicht – nach einem Regentag zwischen Sessel am Kamin und Stuhl im Café – da tut jedenfalls ein abkühlender Abendgang gut. Wind lässt die Poren prickeln und die Haare fliegen. Haben wir am Strand bei jedem Schritt erst gegen kräftigen Westwind angekämpft, so schiebt er uns dafür auf dem Rückweg leicht drängend nach Hause. Selbst der Schöpfer scheint seine Freude daran zu haben, wenn die ersten Menschen ihm im Garten Eden bei einem Spaziergang begegnen, *als der Tag kühl geworden war.* Kein Wunder, dass solch eine Erfrischung weltweit vielerorts als Segen empfunden wird – so in der Sprache des Ewe-Volkes in Ghana und Togo, wo sich Menschen beim Segen *nutifafa na mi* wünschen – die Kühle sei mit dir!

Die Bibel spricht in ihrer Entstehungswelt eher von heißen Winden aus südlichen Gefilden. Sie wehen aus den Wüsten herüber und wirbeln nach der Getreideernte die Spreu auf. Die Bibel spricht immer wieder von naher Verwandtschaft zwischen Wind und Geist Gottes, nutzt sogar das gleiche hebräische Wort *Ruach* für beide. Sie verweist auf den Wind als Gleichnis Gottes. Er reißt bei Hiob die dunkle Wolkendecke auf und lässt das Licht hell werden. Er fegt *als Brausen vom Himmel wie von einem gewaltigen Sturm* durch die Pfingstgemeinde. Doch daneben kennt die Bibel auch seine zerstörerische Kraft, der Landstriche leer macht, Wohnhäuser wanken lässt, der Schiffe eben noch vorantreibt, aber dann wieder bedroht.

Wie *heißer Südwind* wird es empfunden, wenn Nachbarvölker stürmisch angreifen, wenn eine blühende Blume verdorrt oder ein schattenspendender Baum eingeht. Der bei uns oft eisige Ostwind lässt dort das Schilfmeer trocken werden, sodass Gottes Volk erleichtert hindurchziehen kann. Um eine Heuschreckenplage zu vertreiben, dreht Gott selbst den Wind, der dann stark aus Westen kommt. Und ganz gleich, ob Nordwind oder

Südwind, ohne sein Wehen wie im biblischen Hohen Lied der Liebe würden wir den Duft von Gewürzen oder von Blumen oft kaum wahrnehmen können.

Das Leben an der See und im Freiraum des flachen Landes, das den Wind ungehindert wehen lässt, ist mit dieser Kraft Gottes besonders beschenkt. Sie kann mal den Sand und mal die Sorgen fortpusten. Sie will den starren Stillstand durcheinanderwirbeln und unsere Segel neu setzen. Und wenn es auch schwerfällt, uns von ihr in Bewegung setzen zu lassen, so können wir zumindest das Schauspiel ihres Wirkens im Wolkenspiel am Himmel beobachten. Gerade noch war rundherum Finsternis, jetzt dämmert es mir allmählich. Eben noch *sah man das Licht nicht, das hinter den Wolken hell leuchtet; als aber der Wind daherfuhr, da wurde es klar.*

BLOẞE FÜẞE

Das Himmelreich ist nahe herbeigekommen. Macht Kranke gesund, weckt Tote auf, macht Aussätzige rein, treibt Dämonen aus. Umsonst habt ihr's empfangen, umsonst gebt es auch. Ihr sollt weder Gold noch Silber noch Kupfer in euren Gürteln haben, auch keine Tasche für den Weg, auch nicht zwei Hemden, keine Schuhe, auch keinen Stecken.

Matthäus 10,7-10

Keine Schuhe mehr! Für mich ist das in jedem Frühjahr ein Feiertag. Noch weht ein kräftiger Nordwestwind. Noch steht kein einziger Strandkorb. Und die Gäste sind eher auf lange Spaziergänge und gute Bücher aus als auf Sonnenbäder oder Eisbecher. Meistens kommt dieser Tag im frühen März, manchmal schon Ende Februar. Dann heißt es beim Strandgang: Hoch mit dem Mantelkragen, aber raus aus den Schuhen! Endlich barfuß im unmittelbaren Kontakt mit Sand und Strand. Ferse, Ballen, Zehen strecken sich, erschrecken sich über die Kühle und spüren sofort den rauen Sand und die gewellten Konturen des Wattbodens. Da wird jeder Schritt zu einer Anwendung, jeder Gang zu einer Massagekur. Weg mit Wanderschuhen und Wollstrümpfen! Alles weitet sich nach all der Enge und Wärme des Winters. Und dann das erste Wasser in den kleinen Wellen. Willkommen, das wohlige Prickeln der Poren, das weitergeht, wenn Wind und Sand heranwehen. Und danach ein Gefühl, wie neugeboren zu sein.

Zieh deine Schuhe von den Füßen! Mit dieser Aufforderung Gottes beginnt der Weg des Volkes Israel mit Mose – heraus der Sklaverei Ägyptens, durch die Mühen der Wüste, hinein in das gelobte Land.

Unterwegs entdeckt Mose das Brennen im Dornbusch und will es erkunden. Noch im Näherkommen gebietet Gott diesem Menschen Einhalt: *Tritt nicht noch näher. Du stehst auf heiligem Land.* Lass deine Schuhe weg, ihren Schutz, ihre Schwere. Stell dich dieser Begegnung mit der bloßen Haut deiner Füße. Nimm leichten Kontakt mit dem Boden auf, ungeschützt, unbeschwert. Auch das Stück Erde unter deinen Füßen ist Land, das von Gott geschaffen, gewürdigt, geheiligt ist. Es ist der Beginn eines langen Weges. Auch Josua vor Jericho, König David am Ölberg oder der Prophet Jesaja werden aufgefordert, barfuß zu gehen.

Jesus berührt sogar die Füße der ihm anvertrauten Menschen. Eine Kontaktaufnahme, die ungeheuer nahegeht. Ein Ausdruck seiner Liebe. Er wäscht ihnen die nackten Füße. Dabei ist jeder Handgriff offenbar wichtig und im Johannesevangelium genau beschrieben. Im Beisammensein steht Jesus auf, legt die eigenen Kleider ab, nimmt eine Schürze, bindet sie um. Wasser fließt ins Becken. Füße werden gewaschen. Das bedeutet Anfassen und Spüren, Reinigen und Massieren. Ferse, Ballen, Zehen strecken sich, erschrecken sich, werden aufgeweckt und lebendig, fühlen sich wie neugeboren.

Als Jesus nun im Matthäusevangelium Menschen ruft, auf die Nähe Gottes zu vertrauen und sich mit ihm auf den Weg zu machen, traut er ihnen eine Menge zu: Heilung, Auferweckung, Reinigung, Befreiung. Auch das wird ein weiter Weg werden. Seine Empfehlung für dieses Unterwegssein lautet: leichtes Gepäck. Beschwert euch nicht zu sehr, es könnte zum Ballast werden. Eure Gaben sind gut genug für jede neue Begegnung. Sichert euch nicht zu sehr ab, macht Kopf und Hände frei. Nicht zu viel Kleidung und - *keine Schuhe*!

So könnte sich unterwegs eine erste Ahnung ergeben von den großen, scheinbar fernen Zielen am Ende des Weges Jesu. Diese Ahnung lässt uns erschaudern und staunen und geht gerade mit bloßen Füßen hautnah. Wir sind aus Erde gemacht, sagt die Bibel, und werden zu Erde werden. Es tut gut, das wieder einmal unmittelbar zu spüren. Bloße Füße lassen gesunden, machen wach, lassen los, werden leicht, spüren Freiheit. Welche Freude, wenn es so noch manchen Feiertag geben wird - hoffentlich bis weit in den Herbst hinein.

KLANGVOLLE RUHE

Es ist also noch eine Ruhe vorhanden für das Volk Gottes. Denn wer in seine Ruhe eingegangen ist, der ruht auch von seinen Werken so wie Gott von den seinen. So lasst uns nun bemüht sein, in diese Ruhe einzugehen.

Hebräer 4,9-11

Die Ruhe an der See kann umwerfend sein. Genauso die Ruhe am leeren Strand. Selbst wenn das Rauschen von Wellen und Wind unseren Weg begleitet, können selbst unsere Schritte dort so leise sein, dass sie schon vom eigenen Herzklopfen übertönt werden. Aufatmen lässt die Stille überall: hinter den Dünen, auf dem Deich, im Feldweg mitten durch die Wiesen. Jenseits aller menschlichen Siedlung und Geschäftigkeit wird diese Ruhe von Lerche, Kiebitz oder Brachvogel nicht unterbrochen, sondern umhüllt und umso spürbarer. Und was wäre ein stiller Frühlingsabend ohne den Gesang von Amsel und Singdrossel? Er fügt der Ruhe einen Rhythmus hinzu, in dem wir auf sie hören, einen Rahmen, in dem wir sie beinahe sehen können.

Dass die Ruhe etwas Gutes ist, begreift nicht erst, wer von Tempo, Takt und Tonfrequenzen der Moderne geprägt ist. Ein Siebtel der Zeit legt die biblische Schöpfungserzählung als Mindestmaß für die Ruhe fest, die Gott und den Menschen zustehen – einen ganzen Tag pro Woche, 52 pro Jahr. Da kann die Zahl der Urlaubstage in aktuellen Arbeitsverträgen nicht mithalten.

Ruhe ist jedoch mehr als eine Pause im Räderwerk des Alltags oder des Jahreslaufs. Sie ist immer wieder das erklärte Ziel Gottes mit den Menschen. Ruhe von der Plackerei in Diensten des Pharaos. Ruhe vor den Anfeindungen unter Geschwistern, in Nachbarschaften oder zwischen Völkern.

Nichts ist schöner, als dass ein ganzes Land von einem Krieg zur Ruhe kommt wie am Ende eines langen, mühsamen Weges. Ein leidgeplagter Mensch wie Hiob träumt von der Ruhe, klagt sie aber auch ein. Psalmen suchen Ruhe und können sie manchmal nirgendwo finden, wünschen sich *Flügel wie Tauben*, um fortzufliegen und in der Ferne nach ihr zu suchen.

Besser eine Hand voll mit Ruhe als beide Fäuste voll mit Mühe, meint das Buch des Predigers. Und laut Jesaja will Gott dem Menschen Ruhe nicht nur gönnen. Er fordert sie auch als Zielsetzung im sozialen Miteinander: *Schafft Ruhe den Müden – das ist die Erquickung*. Da liegt ein Wort von Jesus nahe, der die *Mühseligen und Beladenen* einlädt, sich zu erfrischen, damit sie *Ruhe finden für ihre Seelen.*

Urlaub und Freizeit sind – jedenfalls auf der Grundlage der Erkenntnis ihrer Notwendigkeit in der industrialisierten Gesellschaft – eine Erfindung der Neuzeit. Und doch ist es ebenso biblisch wie menschlich gut, Ruhe zu haben oder in Ruhe gelassen werden zu wollen; auch wenn es weder um ein bequemes Ruhekissen noch um einen bürgerlichen Ruhesitz geht. Trotzdem wird in vielen biblischen Gedanken deutlich, dass beide, Gott und Mensch, die verheißene Ruhe genießen werden. Das lässt in beiden Fällen keine Ruhe, die lähmt oder unbeweglich macht, die langweilig wird oder erstarren lässt. Für Gott und Mensch füllt sich diese Ruhe vielmehr – und zwar mühelos, pflichtenfrei, unbeschwert, leichtfüßig.

Nehmen wir uns ein Beispiel am siebten Tag der Schöpfung: Gottes Ausruhen wird da gefüllt, indem er segnet und heiligt. Er tut diese Handgriffe in aller Ruhe, wendet sich dem Sabbattag zu und widmet sich dessen Pflege.

Dass Ruhe klangvoll sein kann, lässt sich erst jenseits von Verkehr, Betrieb und Trubel wieder erfahren. Wer Metropolen, Autobahnen, Einkaufshallen entflohen ist, wird gerade am Rand des Festlands, im Übergang zur See oder zur Insel mit Ruhe beschenkt. Ruhe, die nicht erneut dauernden Input braucht, sondern Raum gibt. Raum für den Nachhall von Begegnungen und Eindrücken, Raum für die abwägenden Stimmen eigener Überlegungen, Raum für das Gedenken derjenigen, mit denen wir die Dinge nicht mehr lebendig beraten, belachen oder beweinen können. Gott will Menschen wie Mose *zur Ruhe leiten*. Auch dort lässt Gott sich nicht von Angesicht sehen. Aber er gibt Raum, sein Wirken nachklingen zu lassen und ihm nachzuschauen.

FRISCHES WASSER

Der Herr ist mein Hirte, mir wird nichts mangeln. Er weidet mich auf einer grünen Aue und führet mich zum frischen Wasser. Er erquicket meine Seele.

Psalm 23,1-3

Weide und Wasser sind in der Bibel ein Inbegriff für gute Versorgung. Gott lässt sie seinen Geschöpfen zugutekommen. Ob Weideplatz fürs Vieh gefunden wird oder ein grünender Garten gedeiht -, die Schöpfung gibt, noch bevor wir etwas dafür getan haben. Frisches Wasser ist elementare Lebensgrundlage für alle. Es steht nicht nur in Wüstenlandschaften und Trockenzeiten für Gesundheit und Erholung, sogar für Heilung und Frieden. Grüne Weide und erfrischendes Wasser kennzeichnen auch die Lebensbedingungen von Küste und See. Selbst wenn wir dabei unterschiedliche Landschaften und andere klimatische Bedingungen wahrnehmen, machen wir verwandte Erfahrungen.

Wasser ist Voraussetzung für alles Leben. Wasser erfrischt täglich Leib und Seele neu. Wasser ist ein Segen und darum das Zeichen der Taufe. Wer langes Reisen hinter sich hat und Station macht, wird zuerst mit Wasser begrüßt. Erst einmal trinken gegen den Durst, waschen gegen den Schmutz, erfrischen gegen die Müdigkeit. Abraham heißt in der Mittagshitze auf diese Weise Boten Gottes willkommen. Ebenso zeigt sich in Dürre und Hungersnot eine namenlose Witwe selbstlos gastfreundlich gegenüber dem Propheten Elia. Und Josefs Brüder erahnen in der Geste von dargereichtem Wasser ein erstes Friedenszeichen. Bäche und Brunnen sind zentrale Orte zum Leben für Mensch und Tier und zur Begegnung vielfältiger Herkünfte und Kulturen. Frisches Wasser ist für hygienische Lebensbedingungen keine Selbstverständlichkeit. Das gilt global ebenso wie biblisch.

An der See begegnen wir dem Wasser in überwältigender Weise. In beengten Metropolen unter bedrängenden Menschenmengen sind wir die Weite des Meeres nicht gewohnt. Nach dem Staub der Städte, den stickigen vier Wänden führt die Frische der mit Salzwasser und Gischt vermischten Seeluft zu rundum neuem Erleben. Alltag und Anstrengung werden abgewaschen. Aussichten, die aufatmen lassen, Gerüche und Geräusche von Wasser, die alle unsere Sinne anregen.

Und dann erst das Eintauchen in die See! Von der zaghaften Berührung mit den Zehenspitzen bis zum bewegenden Bad in der Brandung begeben wir uns in eine beinahe überirdische Erlebniswelt. Vom Wasser umgeben werden wir eingehüllt in eines der Elemente. So trauen wir uns, vom sicheren Boden abzuheben, weil es uns tatsächlich tragen wird. Wohl denen, die darin schwimmen und einen Urzustand entdecken können. Wohlig schon das Hineinrennen und Toben, und dann dieses Schweben, von Wellen bewegt. Und jede Berührung im Grunde sogar eine kleine Erinnerung an die Taufe.

Die Bibel kennt von Anfang auch die bedrohliche Kraft des Wassers, von der Sintflut bis zum Schilfmeer, vom Seegang bis zur Sturmflut. Vielfach ist es der befreiende Gott, der die unfassbar große Macht des Wassers brechen, begrenzen, beruhigen kann. Noah und die Tiere entkommen den Fluten. Mose wird - so sagt es sein Name - aus dem Wasser gezogen, und Miriam mit ihrem Volk durch Wasser hindurchgeführt. Menschen um Jesus durchleben mit ihm in einem Boot Sturm und Stille. Menschen unterwegs über das Mittelmeer erleben Schiffbruch, Strandung, Rettung.

Niemand in der Bibel erlebt ausdrücklich ein Bad, außer einigen Frauen - Rut, Susanna und die Tochter des Pharaos. Umso mehr wird von der reinigenden und neu belebenden Kraft des Wassers erzählt. Umso mehr gilt die Taufe als Bad, das wie neu geboren macht. Frisches Wasser ist Lebenselement Gottes!

INSELIMPRESSIONEN

Lobende Worte

Jesaja 24,14-16

Staubiger Grund

Jesaja 40,15

Verlockende Klänge

Jesaja 42,10-12

Angekommene Hoffnung

Jesaja 60,8-9

Ziele für Fernweh

Jesaja 66,18-19

LOBENDE WORTE

Sie erheben ihre Stimme und rühmen und
jauchzen vom Meer her über die Herrlichkeit
des Herrn: So preiset nun den Herrn im Osten,
auf den Inseln des Meeres den Namen
des Herrn, des Gottes Israels.
Wir hören Lobgesänge vom Ende der Erde:
Herrlichkeit dem Gerechten!

Jesaja 24,14-16

Inseln in der Bibel erscheinen nur ganz am Rande. Sagt doch die Geographie, dass zum Land Israel gar keine Inseln gehören. Erst recht nicht *im Osten*, wie es hier heißt. Zypern, Kreta und die griechische Ägäis liegen im Westen. Jedenfalls alles ziemlich weit weg. Doch Jesaja und Gottes Volk hören von dort Stimmen, hören das Lob von den *Inseln* des Meeres her, das auf die Klage am Festland trifft. Dieses Festland nämlich ist leer, verdorrt, verwelkt, so heißt es vorher, die Stadt liegt wüst. Musikinstrumente sind verstummt. Der Wein ist aus, das *Bier bitter* geworden. Weltuntergangsstimmung in Israel. Kommen Loblieder dann umso mehr von fernen Inseln?

Die hier *vom Meer* her ihre Stimmen erheben, sind fein gestellt. Die Menschen an Land dagegen singen lauter Klagelieder. Typisch für Landratten? Sind bei aller Nüchternheit doch noch irgendwo die Inseln der Seligen zu finden? Ähnlich dem Paradies, das Schriftsteller und Künstler um die Jahrhundertwende 1900 auf Inseln im pazifischen Ozean suchten? Robert Louis Stevenson auf Samoa? Paul Gauguin auf Tahiti? Und vielleicht auch wir? Wir etwas weniger berühmten Lebenskünstlerinnen und -künstler, Gestrandeten und Hoffnungssuchenden auf etwas weniger weiten Inseln der Nord- und Ostsee?

Dass es den auf den Inseln und am Meer lebenden Menschen grundsätzlich besser gehe als den anderen, wird wohl eher eine Idee sein, die von entspannter Urlaubsstimmung geprägt ist. Dabei gibt es auch dort das ganz normale Leben. Jedenfalls, wenn Sonnenschein und Strandleben uns nicht den Blick für die Schattenseiten verstellen.

Eine nachdenklich stimmende Beobachtung lässt sich hier durchaus anstellen. Unser westlich mitteleuropäisches Glaubensleben scheint heute sehr von Klage geprägt zu sein, von Leere und Perspektivlosigkeit, vom Starren auf Zahlen. Dem Festland der christlichen Kirchen scheint wenig nach Feiern zumute zu sein. Da könnte ein Kirchentag schon mal Insel-Effekte bringen. In ähnlicher Weise könnten wir auf Klänge lauschen, die aus der Ferne kommen. Wir mögen doch gerade die *Lobgesänge vom Ende der Erde*: vom Gospel bis zum Trommeln oder Tanzen. Alte Choräle gelten zwar als verstaubt, aber selbst sie entwickeln Kraft aus ihrer Fremdheit. Andererseits tun wir uns mit neuen Liedern viel zu schwer. Die Begeisterung des Glaubens auf Inseln der Karibik ist ansteckend, obwohl es da wirtschaftlich wesentlich schlechter zugeht. Die beharrliche Hoffnung der ewig gut gelaunten Menschen von den philippinischen Inseln, die weltweit auf vielen Schiffen arbeiten, kann mitreißend sein. Auch bei Begegnungen mit Menschen von pazifischen Inseln wie Fidschi und Tonga durfte ich die Freude an Gott aus ihrer Musik heraushören.

Lässt sich von den Lobliedern der *Inseln des Meeres* und *vom Meer her* in Ost und West etwas lernen für Glaube und Hoffnung? Vielleicht immerhin dies: Wenn das Wasser bis zum Hals steht – im Pazifik droht das aufgrund des Klimawandels deutlich früher als im Wattenmeer –, so soll doch niemand im Meer der Klagen versinken. Auch auf jenen fernen Inseln Jesajas scheint man sortieren zu können. Dort wird nicht der Frust über das eigene Misslingen besungen, sondern die Freude an Gott, die auch durch tiefe Täler hindurchträgt. Vom Lob der Inseln lässt sich demnach so mancher Hoffnungsschimmer mit ans Festland nehmen.

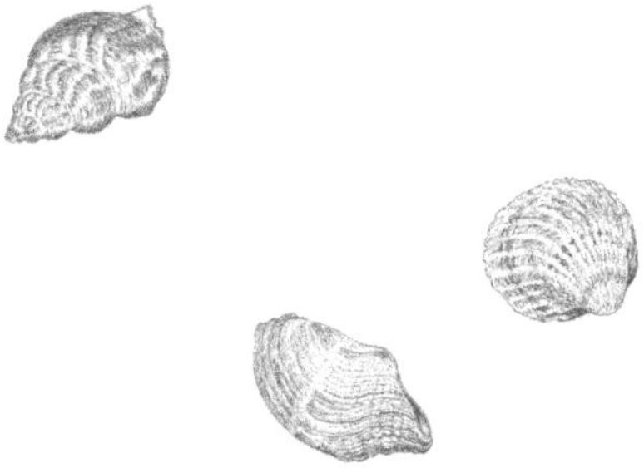

STAUBIGER GRUND

Siehe, die Völker sind geachtet wie
ein Tropfen am Eimer und wie ein Sandkorn
auf der Waage. Siehe, die Inseln sind wie
ein Stäublein.

Jesaja 40,15

Keine Sorge, liebe Insel-Fans, Inselbewohnerinnen und Inselbewohner im Wattenmeer! Die Sandbank, die wir so gernhaben, soll hier nicht in den Staub getreten werden. Höchstens lässt es uns ein wenig erstaunen, dass auch die Bibel schon etwas von dem labilen Fundament zum Beispiel der Nordseeinseln zu wissen scheint. Eine gute Portion Nüchternheit, die uns erden könnte, wenn wir uns schon nicht von den Winterstürmen beeindrucken lassen.

Dass der verwehende Inselsand von Wind und Sturm wie Staub davongetragen wird, gehört nun mal zu den ernsten Erkenntnissen von der Existenzgrundlage einer Insel. Wer Wattinseln besucht, betritt Migrations-Untergrund. Der scheinbar so feste Boden unter unseren Füßen wandert stetig mit Wind und Wasser weiter. Und selbst der von Menschen angerührte Beton oder Asphalt für den Küstenschutz gibt keine Garantie für eine Lebensdauer in Ewigkeit.

Nein, der Prophet will nicht die Inseln klein- oder schlechtmachen. Jesaja will die Größe und den Weitblick Gottes kundtun. Dafür wählt er groteske, beinahe verrückte Vergleiche, *wenn ganze Völker wie ein Tropfen oder wie ein Sandkorn* sein sollen – poetische Bilder dafür, wie unvergleichlich weise Gott ist, der ohne Ratgeber oder Richterinnen auskommt, wie es zuvor heißt.

Es ist eher so wie in einer schönen Geschichte, die man sich von reichlich fernen Inseln erzählt, nämlich von den neun Inseln der Azoren im Atlantik, die zu Portugal gehören. Als der liebe Gott sich seine Schöpfung ansah und Tag für Tag begeistert feststellen musste, dass sie *sehr gut* war, da hat er ganz am Schluss vor lauter Freude in die Hände geklatscht. Dabei sind ihm von seiner vielen Arbeit die letzten Erdkrumen ins Meer gefallen – das sind die Azoren.

Vor vielen Jahren durfte ich mir von den Azoren selbst bei einer Reise ein Bild machen und finde, diese Geschichte trifft absolut zu. Doch zugleich meine ich, dass es in jenem Augenblick nicht nur neun Krümel Erde waren. An Gottes Händen waren außerdem noch sieben Körner Sand. Aus denen wurden dann – auf eine etwas leisere und labilere Art natürlich – die sieben ostfriesischen Inseln. *Inseln wie ein Stäublein*, Inseln aus ein paar Sandresten, die erst dem lieben Gott in der Hand lagen und nun hier im Wattenmeer zu finden sind.

Der Prophet Jesaja belässt es dann im Folgenden nicht nur bei Naturvergleichen. Fürsten und andere Machthaber mögen eine Weile bleiben, um das Ihre zu tun – sie sind *ein Nichts* gegen die Ewigkeit Gottes. Menschenkinder wimmeln *wie Heuschrecken* über die Erde – aber Gott spannt seinen Himmel über sie aus *wie ein Zelt*, damit sie alle darunter *wohnen*.

Dass dieser Gott, der das so kleine Volk Israel befreit und begleitet, gestärkt und genährt hat, auch ein Gott der Völker und des ganzen *Erdkreises* sein will - das ist die große Hoffnung, die dem Propheten Jesaja und seiner Zeit immer deutlicher wird. Wohlgemerkt: nicht als Machtanspruch eines Volkes gegenüber anderen Völkern. Das ist keine Behauptung der einen Religionsbehörde gegenüber der anderen. Vielmehr die tröstliche und gelassene Gewissheit von Gottes Horizont und Gottes Weitblick. Und das Vertrauen in die Großzügigkeit und Barmherzigkeit, die von Gott ausgehen und die allen Menschenkindern weltweit gelten.

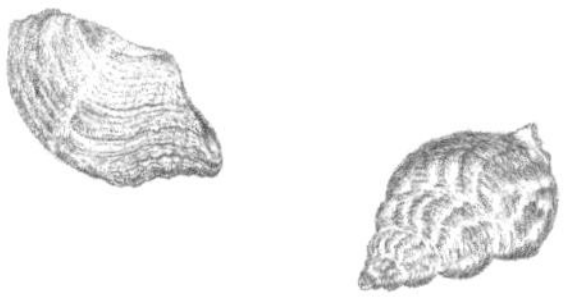

VERLOCKENDE KLÄNGE

Singet dem Herrn ein neues Lied, seinen Ruhm an den Enden der Erde, die ihr auf dem Meer fahrt, und was im Meer ist, ihr Inseln und die darauf wohnen! Ruft laut, ihr Wüsten und die Städte darin samt den Dörfern, wo Kedar wohnt. Es sollen jauchzen, die in Felsen wohnen, und jubeln von den Höhen der Berge! Sie sollen dem Herrn die Ehre geben und seinen Ruhm auf den Inseln verkünden!

Jesaja 42,10-12

Hier ruft der Prophet Jesaja zum Gesang auf, als wüsste er, was so ein richtiges Shanty ist. Wie ein markiger Vorsänger an Bord, so hält er Ausschau nach denen, die gerade an ihren Arbeitsplätzen zusammen anpacken müssen, die einen vielstimmigen Chor bilden, die einstimmen und ihm antworten sollen: Ihr Seeleute, ihr Seefahrenden, *und was im Meer ist*! Die Inseln selbst sollen ihre Stimme erheben, als könnten der Sand und die Dünen, der Strand und die Weiden ihren Mund aufmachen, so wie die Menschen, *die darauf wohnen*.

Mag überall in Küstennähe immer der Wind, das Meeresrauschen, das Möwengeschrei die menschlichen Stimmen verwehen lassen. Mögen auch manche von ihnen nicht so musikalisch sein, dass alle Töne sauber getroffen werden. Auch beim Shanty ist das Singen kein perfektes Konzert, sondern die Begleitmusik im Rhythmus der gemeinsam erledigten Arbeit an Bord.

Entscheidend ist, wem hier *ein neues Lied* gesungen werden soll und wem noch *an den Enden der Erde* der Ruhm gehört. Nicht uns! Immer schön nüchtern! Es ist gerade so wie das Wort von Gorch Fock, das Menschen an den Platz stellt, wo sie hingehören: *»Gottes sind*

Wogen und Wind, Segel aber und Steuer, dass ihr den Hafen gewinnt, sind euer.«

Jesaja nennt weder Noten noch Text seines neuen Liedes. Auch dein Glaubenslied, dein Hoffnungs-Song muss nicht einer musikalischen Perfektion entsprechen. Gib Laut! Setze auf Resonanz! Das ist Jesaja wichtiger, damit die zaghaften Stimmen gegen all das andere an Krach und Getöse in der Welt durchdringen.

Dem auffordernden Shantyman folgt ein eher wildes Gebrüll der Crew, das den Rhythmus der Bewegungen an Bord mitgeht, das aber auch Wind und Wetter übertönen will. Auch die Sprache spielt hier nur eine untergeordnete Rolle. Seeleute, Küstenanrainer, Insulanerinnen ganz unterschiedlicher Herkunft kommen zusammen und beginnen zu singen - da wird kein lupenreines Englisch verlangt. Eher mischt sich ein Kauderwelsch der Dialekte - wie unter Feriengästen ja auch, die an den Ufern der See aufeinandertreffen.

Singen, rufen, jauchzen, jubeln, ehren und *Ruhm verkünden*. Da ist ganz schön was los, wenn man die eher leisen, nachdenklichen bis zaghaften Veranstaltungen anderswo danebenhält. Immerhin haben auch die Kirchenhymnen, die sich auf das Leben und Arbeiten auf See beziehen, etwas Ungestümes und Lautes, als wollten sie Gott aufrütteln gegen Wind und Wellen: *Eternal Father, strong to save, whose arm has bound the restless wave!* Oder der Choral *Wie mit grimmigem Unverstand Wellen sich bewegen*, aus dem der verzweifelte Aufschrei stammt, der auf dem Rettungsring in unserer

Inselkirche zu lesen ist: *Einst in meiner letzten Not, lass mich nicht versinken!*

Auch Jesaja appelliert an die rettende und befreiende Kraft Gottes. Wir können sie nicht genug besingen und bejubeln. Etwas davon klingt an, wenn in den Kirchen der Urlaubsregionen Sonntag für Sonntag eine ähnlich bunte Crew zusammenkommt und singt: ein jeder in seiner Tonart, eine jede in ihrer Sprache; wenn sich ein vielstimmiger Gesang bildet, der zum Lob Gottes beiträgt und diesen Ruhm verkündet: *Singt dem Herrn ein neues Lied, ihr Inseln und die darauf wohnen!*

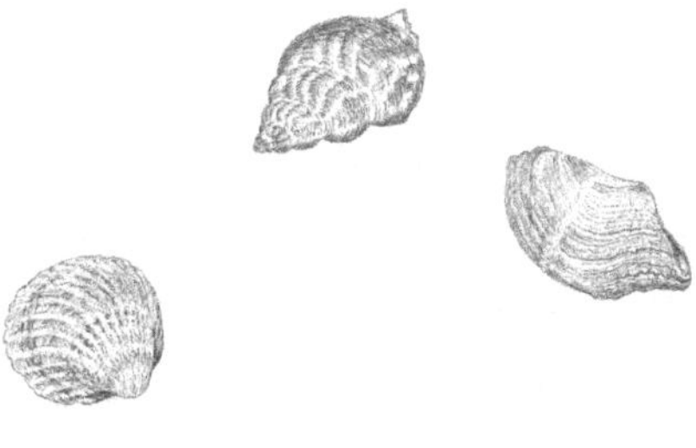

ANGEKOMMENE HOFFNUNG

Wer sind die, die da fliegen wie die Wolken
und wie die Tauben zu ihren Schlägen?
Die Inseln harren auf mich und die
Tarsisschiffe vor allem, dass sie deine Söhne
von ferne herbringen samt ihrem Silber und
Gold zum Ruhme des Herrn, deines Gottes,
und für den Heiligen Israels, der dich
herrlich gemacht hat.

Jesaja 60,8-9

Der Prophet Jesaja ist derjenige in der Bibel, der mit Abstand am meisten von Inseln spricht - und wie er schwärmt! In bilderreichen Visionen ist sein Buch voller Hoffnung auf bessere Zeiten. Das gilt, auch wenn seine letzten Kapitel schon auf eine Epoche zurückschauen, in der das Volk Israel heimatlos ist. Nach der Weltmacht Assyrien herrscht nun Babylon und hat die berühmten oberen Zehntausend Israels dorthin ins Exil deportiert. Das eigene Land hat kaum noch Substanz und Halt zu bieten.

Jesajas Buch durchlebt eine Art Horizonterweiterung. Denn es öffnet sich je länger, je mehr dem Gedanken, dass es ein Zusammenspiel des Volkes Israel mit den Völkern der Welt geben wird. Das Volk Gottes wird demnach nicht vereinsamen oder isoliert bleiben. Es steht im Kontext, in Kontakt, sogar in Kooperation mit der Welt drum herum. An dieser Stelle gibt der Prophet Jesaja Worte Gottes wieder, als halte Gott selbst Ausschau. Als beobachte Gott, wer da *mit den Wolken* aus aller Welt herbeifliegt, sodass es zugeht *wie im Taubenschlag*. Es ist wie das Staunen auf den Urlaubsinseln über all die Gäste, die herbeiströmen.

Das Wort Gottes, die Botschaft von der Barmherzigkeit, von der Hoffnung für die Unterdrückten, vom Frieden für die Zerschlagenen hat eine große, weltweite Anziehungskraft. Muss die Welt überall Finsternis, müssen Völker Dunkelheit durchleiden – sie werden doch von dem Licht angezogen, das hell scheint, und von dem *Glanz, der über Israel aufgeht*.

Auch das alte deutsche Wort *harren* verwendet Luthers Übersetzung besonders häufig im Buch Jesaja. Die Bedeutung ist noch intensiver als Hoffen. Harren liegt irgendwo zwischen einem Hoffen mit bestimmter Erwartung und einem Warten mit heftiger Sehnsucht. Nun sind Inseln für Israel einfach mal ganz weit weg. Keine einzige Insel liegt vor seiner Küste. Zypern wäre die nächste und ist schon über 500 km entfernt. Ganz zu schweigen von den griechischen Inseln, wohin tagelange Seereisen nötig wären. Erst recht dieses sagenumwobene Tarsis, von wo die Schiffe kommen werden. Es gilt als reicher Ort am Ende der damals bekannten Welt, irgendwo auf der spanischen Halbinsel, vielleicht schon am Atlantik gelegen.

Mögen die Distanzen dorthin viele Seemeilen zählen. Mögen kleine Inseln irgendwie immer am Rande der gewohnten Welt liegen. Gottes Horizont umfasst sie. Das Himmelszelt spannt sich über ihnen aus. Voller Hoffnung werden die Kinder Israels zurückfinden, und wenn sie um die halbe Welt reisen müssen. Und auch ihre Erträge und Gaben werden verschifft und herbeitransportiert, um Gottes reich gedeckten Tisch zu füllen.

Tatsächlich ist hier ein weihnachtlicher Gedanke nicht fern. Die Weisen selbst aus fernsten Ländern werden mit Kamelen kommen und ihre Gaben bringen: Gold, Weihrauch, Myrrhe – diese Vision hat Jesaja hier kurz zuvor beschrieben. Das Wort Gottes wird zur Hoffnung für die Welt, auch für die fernen Inseln von Zypern bis Kreta, von Malta bis Wangerooge. Und wenig später kündigt Jesaja Gottes Zusage vom Frieden an. Gut zu hören in unserer Zeit nicht enden wollender Kriege und Krisen: *Ich will den Frieden zu deiner Obrigkeit machen und die Gerechtigkeit zu deinem Herrscher.*

ZIELE FÜR FERNWEH

Ich kenne ihre Werke und ihre Gedanken und komme, um alle Völker und Zungen zu versammeln, dass sie kommen und meine Herrlichkeit sehen. Und ich will ein Zeichen unter ihnen aufrichten und einige von ihnen, die errettet sind, zu den Völkern senden, nach Tarsis, nach Pul und Lud, nach Meschech, Tubal und Jawan und zu den fernen Inseln, wo man nichts von mir gehört hat und die meine Herrlichkeit nicht gesehen haben; und sie sollen meine Herrlichkeit unter den Völkern verkündigen.

Jesaja 66,18-19

Noch ein weiteres Mal redet das Buch Jesaja von Inseln, als hätte selbst der Prophet Fernweh. Inseln sind Jesajas Inbegriff für Ferne, für Abstand, für Distanz. Also gar nicht so viel anders als bei uns, wenn wir uns auf Inseln - an den Grenzen des Landes oder auf dem gesamten Globus - weit weg fühlen von zu Hause und in wohltuend großer Entfernung vom Alltag. Manchen kommt eine Überfahrt mit gerade mal vier Seemeilen - also kaum acht Kilometern - auf eine Insel wie Wangerooge viel länger vor als irgendein Flug in ein anderes Land. Dazu sind uns an der Küste die Nordseeinseln greifbar nah. Was mit Spiekeroog und Mellum beginnt und was - manchmal sogar sichtbar - mit Helgoland am Horizont nicht aufhört.

Gottes Wort will bis an *die Enden der Erde* alle Völker und Sprachen versammeln. Sein Projekt des Friedens und der Gerechtigkeit unter einem neuen Himmel und auf einer neuen Erde wird am Ende tragfähiger sein als alle Macht der Welt. Es wird zutiefst überzeugen und eine Vielfalt von Ansichten und Einsichten integrieren können. So wird Gottes *Herrlichkeit* sichtbar.

Der Weitblick Gottes lässt die, die am Rande stehen, nicht außer Acht. Gott reicht denen ein Licht, *die im Fins-*

tern wandeln, gibt Zeichen gegen die Orientierungslosigkeit und sendet Signale an alle, die in Lebensstürmen umherirren. Dazu schickt er in Nah und Fern Menschen zu Menschen, damit sie einander begegnen, sich kennenlernen und miteinander teilen, was sie von Gott geschenkt bekommen und gelernt haben.

Tarsis, Pul, Lud, Meschech, Tubal, Jawan – diese konkreten Namen nennen dem Volk Israel beispielhaft abgelegene Orte und Länder. Ob sie nun in Libyen, Ägypten, Arabien, am Schwarzen Meer oder im heutigen Griechenland zu suchen sind – es geht bis in alle Himmelsrichtungen hinein immer um das, was wir früher ›in der Fremde‹ nannten oder ›in Übersee‹ oder auch ›bis nach Timbuktu‹. Kombiniert mit dem Sehnsuchtsort der *fernen Inseln* stehen ihre Namen alle symbolisch für Orte, die wir eher einmal verträumt mit dem Finger auf der Landkarte erreichen – von mir aus auch mit dem Cursor in Google Maps – jedenfalls eher virtuell, als tatsächlich eine Reise dorthin zu unternehmen.

Sogar dorthin, wo wir selbst niemals an Land gespült oder nur einen Fuß auf festen Boden setzen werden, sogar dorthin reichen noch die Gesandten Gottes mit ihrer frohen Botschaft von Gottes Herrlichkeit. Auch wer bisher *nichts davon hören und sehen* konnte, wem die Ohren verstopft und der Blick verstellt wurde, wer vom Krach geschlagen und von der Gewalt geblendet wurde, wer vom Saisonbetrieb ganz taub und vom Gästetrubel ganz kirre geworden ist – auch denen allen wird neue Hoffnung gemacht durch die Verkündigung von der herrlichen Vision von Gottes Frieden und Gerechtigkeit. Dazu braucht es Menschen, die die See und die Fremde nicht scheuen. Und die sich aufmachen in die Ferne.

VERZEICHNIS DER BIBELTEXTE UND LIEDVORSCHLÄGE

Eine Woche Sehnsucht nach der See

Ein Tag	Zwischen den Wassern
Ein Bibelwort	1. Mose 1,9-10
Ein Lied	EG 504
	Himmel, Erde, Luft und Meer
Ein Tag	Was die Meere durchzieht
Ein Bibelwort	Psalm 8,9-10
Ein Lied	EG 302,1-4+8
	Du meine Seele, singe
Ein Tag	Da wimmelt es
Ein Bibelwort	Psalm 104,24-26
Ein Lied	EG 515
	Laudato si
Ein Tag	Ein wenig vom Land weg
Ein Bibelwort	Lukas 5,1-3
Ein Lied	FT 36
	Von weitem
Ein Tag	Das Meer nicht mehr
Ein Bibelwort	Offenbarung 21,1
Ein Lied	EG NB 639
	Herr, wenn das Wasser uns bedroht

Eine Woche **Wind und Wetter**

Ein Tag	Ein Regenbogen
Ein Bibelwort	1. Mose 9,13-14
Ein Lied	EG 427
	Solang es Menschen gibt auf Erden
Ein Tag	Ein Sausen
Ein Bibelwort	1. Könige 19,11-12
Ein Lied	FT 45
	Stimme, die Stein zerbricht
Ein Tag	Eine Wolke
Ein Bibelwort	1. Könige 18,44-45
Ein Lied	EG 304,1-5
	Lobet den Herren, denn er ist sehr freundlich
Ein Tag	Ein Haschen
Ein Bibelwort	Prediger 2,11
Ein Lied	EG 64,1-3+6
	Der du die Zeit in Händen hast
Ein Tag	Ein Brausen
Ein Bibelwort	Apostelgeschichte 2,1-2
Ein Lied	EG RWL 568
	Wind kannst du nicht sehen

Eine Woche Sand und Strand

Ein Tag	Meer und mehr
Ein Bibelwort	1. Mose 22,17
Ein Lied	EG 506,1-4 Wenn ich, o Schöpfer, deine Macht
Ein Tag	Werweißwieviel
Ein Bibelwort	Jesus Sirach 1,1-3
Ein Lied	EG 511 Weißt du, wieviel Sternlein stehen
Ein Tag	Sitzen oder Liegen
Ein Bibelwort	Psalm 139,1-3
Ein Lied	FT 91 Du bist da
Ein Tag	Verwehtes Kritzeln
Ein Bibelwort	Johannes 8,6-8
Ein Lied	EG 369 Wer nur den lieben Gott lässt walten
Ein Tag	Rettendes Ufer
Ein Bibelwort	Apostelgeschichte 27,40-41
Ein Lied	FT 36 Von weitem

Eine Woche Hoffen im Hafen

Ein Tag	Großzügige Gastlichkeit
Ein Bibelwort	1. Könige 17,9
Ein Lied	EG Ö 652
	Gott, du hast das Land gegeben
Ein Tag	Fleißiges Arbeiten
Ein Bibelwort	1. Könige 9,26
Ein Lied	EG NB 572
	Ein Schiff, das sich Gemeinde nennt
Ein Tag	Geschäftiges Treiben
Ein Bibelwort	Jesaja 23,2-3
Ein Lied	EG 428
	Komm in unsre stolze Welt
Ein Tag	Handfeste Begegnungen
Ein Bibelwort	Apostelgeschichte 18,3
Ein Lied	EG 495,1-5
	O Gott, du frommer Gott
Ein Tag	Wehmütiger Abschied
Ein Bibelwort	Apostelgeschichte 18,20-21
Ein Lied	FT 36
	Von weitem

Eine Woche Wasser und Wellen

Ein Tag	Schwebende Brise
Ein Bibelwort	1. Mose 1,1-2
Ein Lied	FT 90
	Die Himmel erzählen die Ehre Gottes
Ein Tag	Lebendige Basis
Ein Bibelwort	Psalm 24,1-2
Ein Lied	EG NB 641
	Nun steht in Laub und Blüte
Ein Tag	Donnerndes Brüllen
Ein Bibelwort	Psalm 29,3-4
Ein Lied	EG NB 592
	Wie mit grimmgem Unverstand
Ein Tag	Friedliche Brandung
Ein Bibelwort	Jesaja 48,17-18
Ein Lied	EG 283
	Herr, der du vormals hast dein Land
Ein Tag	Brausender Beifall
Ein Bibelwort	Psalm 98,7-9
Ein Lied	EG 286
	Singt, singt dem Herren neue Lieder

Eine Woche Spüren und Staunen

Ein Tag	Schöner Glanz
Ein Bibelwort	Psalm 50,1-3
Ein Lied	FT 8
	Dich rühmt der Morgen
	FT 24
	Die Sonne sinkt ins Meer
Ein Tag	Kühle Brise
Ein Bibelwort	Hiob 37,16-18.21
Ein Lied	FT 66
	Auf, Seele, Gott zu loben
Ein Tag	Bloße Füße
Ein Bibelwort	Matthäus 10,7-10
Ein Lied	EG 361,1+4+7+12
	Befiehl du deine Wege
Ein Tag	Klangvolle Ruhe
Ein Bibelwort	Hebräer 4,9-11
Ein Lied	EG 477,1+4+5+8
	Nun ruhen alle Wälder
Ein Tag	Frisches Wasser
Ein Bibelwort	Psalm 23,1-3
Ein Lied	EG 504
	Himmel, Erde, Luft und Meer

Eine Woche Inselimpressionen

Ein Tag	Lobende Worte
Ein Bibelwort	Jesaja 24,14-16
Ein Lied	EG 279,1-3+7+8
	Jauchzt, alle Lande, Gott zu Ehren
Ein Tag	Staubiger Grund
Ein Bibelwort	Jesaja 40,15
Ein Lied	EG 357
	Ich weiß, woran ich glaube
Ein Tag	Verlockende Klänge
Ein Bibelwort	Jesaja 42,10-12
Ein Lied	FT 90
	Die Himmel erzählen die Ehre Gottes
Ein Tag	Angekommene Hoffnung
Ein Bibelwort	Jesaja 60,8-9
Ein Lied	EG 358
	Es kennt der Herr die Seinen
Ein Tag	Ziele für Fernweh
Ein Bibelwort	Jesaja 66,18-19
Ein Lied	EG 379
	Gott wohnt in einem Lichte

TEXTQUELLEN

Alle Bibeltexte sind zitiert nach:
Lutherbibel, revidiert 2017,

Liederbücher:
EG = Evangelisches Gesangbuch
EG NB = EG Niedersachsen/Bremen
EG RWL = EG Rheinland/Westfalen/Lippe
EG Ö = EG Österreich
FT = Liederheft FreiTöne 2017

MIX
Papier | Fördert gute Waldnutzung
FSC® C014496

Penguin Random House Verlagsgruppe FSC® N001967

1. Auflage

Neumarkter Str. 28, 81673 München
produktsicherheit@penguinrandomhouse.de
(Vorstehende Angaben sind zugleich
Pflichtinformationen nach GPSR)

Umschlagzeichnung und alle Zeichnungen im Buch: © Jan Janssen
Druck und Bindung: GGP Media GmbH, Pößneck
Printed in Germany
ISBN 978-3-579-07454-2
www.gtvh.de